信息科学与工程系列专著

CPⅢ控制网数据处理方法

李建章　著

電子工業出版社
Publishing House of Electronics Industry
北京 • BEIJING

内 容 简 介

CPⅢ控制网是高速铁路施工和运营维护的基准，包括平面控制网和高程控制网两种类型。本书主要介绍 CPⅢ平面控制网数据处理方法、CPⅢ精密水准网数据处理方法、CPⅢ精密三角高程控制网数据处理方法、CPⅢ精密三角高程控制网联合平差，以及 CPⅢ三维控制网平差方法。其中在 CPⅢ精密三角高程控制网数据处理中通过引进待求参数及严密定权等方法提高 CPⅢ精密三角高程控制网数据处理的精度，使其能够代替 CPⅢ精密水准网，提高了 CPⅢ控制网外业数据采集的效率。

本书可供高等院校测绘专业本科生、研究生，以及高铁测量技术人员阅读。

图书在版编目（CIP）数据

CPⅢ控制网数据处理方法 / 李建章著. —北京：电子工业出版社，2021.6
ISBN 978-7-121-41109-0

Ⅰ. ①C…　Ⅱ. ①李…　Ⅲ. ①高速铁路－测量控制网－数据处理　Ⅳ. ①U238

中国版本图书馆 CIP 数据核字（2021）第 076480 号

责任编辑：竺南直
印　　刷：北京虎彩文化传播有限公司
装　　订：北京虎彩文化传播有限公司
出版发行：电子工业出版社
　　　　　北京市海淀区万寿路 173 信箱　邮编 100036
开　　本：720×1 000　1/16　印张：8.25　字数：166 千字
版　　次：2021 年 6 月第 1 版
印　　次：2021 年 6 月第 1 次印刷
定　　价：49.00 元

凡所购买电子工业出版社图书有缺损问题，请向购买书店调换。若书店售缺，请与本社发行部联系，联系及邮购电话：（010）88254888，88258888。

质量投诉请发邮件至 zlts@phei.com.cn，盗版侵权举报请发邮件至 dbqq@phei.com.cn。

本书咨询联系方式：davidzhu@phei.com.cn。

前　言

CPⅢ控制网是高速铁路轨道施工和运营维护的基准，是高速铁路轨道高平顺性和高平稳性的保证。不同于传统控制网，CPⅢ控制网点位密度大、精度要求非常高，不仅需要利用测量机器人、电子水准仪等设备完成外业数据的采集，更需要开发专门的数据处理软件以满足高速铁路轨道建设的要求。

至2018年年底，中国高速铁路（含城际铁路）运营总里程达2.9万千米，超过世界高速铁路总里程的2/3，而到2035年，中国高速铁路运营总里程预计将达到7万千米。高速铁路有多长，CPⅢ控制网就有多长。高速铁路的迅猛发展对CPⅢ控制网的精度及构网速度提出了更高的要求，也给了测量工作者不断去探索的动力。

本书是作者在CPⅢ精密三角高程控制网数据处理方法研究成果（国家自然科学基金项目，基金编号：41661091）的基础上撰写而成的，主要内容包括：CPⅢ平面控制网数据处理、CPⅢ水准网数据处理、CPⅢ精密三角高程控制网数据处理、精密水准观测值参与下的CPⅢ精密三角高程控制网数据处理、CPⅢ三维控制网数据处理。其中CPⅢ精密三角高程控制网数据处理方法是本书的重点内容，其目的是代替精密水准建立CPⅢ高程控制网，减少外业测量工作、提高工作效率。

在本书的撰写过程中，我的导师闫浩文教授给予了悉心的指导和无私的帮助。在现场数据采集及数据处理过程中，得到了甘肃铁道综合工程勘察院公司何厚学、姚强强的大力支持；另外，西南交通大学的朱庆教授、兰州交通大学的杨树文教授也给予热心帮助，在此表示衷心的感谢。

同时感谢兰州交通大学测绘与地理信息学院为本书的出版提供了经费支持。
由于作者水平有限，书中难免存在不足之处，敬请各位专家和广大读者批评指正。

作　者
于兰州交通大学

目　　录

第 1 章　绪论

早在 16 世纪，英格兰矿业公司为了降低运矿车行驶过程中的阻力，开始使用木制道路。1760 年，英国钢铁工业出现了生产过剩危机，大量铸铁板用来覆盖木制轨道面，有效降低了轨道的阻力。

大约在 1800 年，第一条现代意义上的铁路出现了，但在这个时期，车辆还是依赖人力或马匹作为动力。1804 年，随着蒸汽机的发明，第一辆蒸汽机车诞生了。1825 年，斯托克顿和达林顿之间的第一条客运铁路开通[1]。铁路的出现极大地促进了 19 世纪政治、经济和社会的发展。像美国和加拿大这样的国家由于铁路的开通而成为一个政治统一体。在俄罗斯和中国这样土地辽阔的国家铁路仍然发挥着至关重要的作用[1]。

1964 年 10 月 1 日，日本东海道新干线建成，标志着世界高速铁路（高铁）时代的到来[2]。在过去的几十年里，高速铁路已成为运输领域最先进、发展最迅速的一个分支，相对于传统的公路运输，具有结构稳定性好、连续性强、工务养护少、轨道平顺性高、有利于高速行车、线路工程投资低等优点[3]，因此得以快速发展。在世界范围内，德国、法国、日本一次又一次将高铁发展推向高潮，其他国家难以撼动他们的领先地位，但是近十多年来高铁发展的领导权似乎在中国形成[4]。2018 年年底，中国高速铁路（含城际铁路）运营里程达 2.9 万千米，超过世界总里程的 2/3，累计运输旅客 90 亿人次[5]。

一条铁路从设计图纸到地面施工，为保证其位置和高程的准确性，必须构建施工控制网；而在运营阶段，为了检测轨道的变形情况，需要构建变形监测控制网并定期进行复测[6-8]。对高速铁路而言，轨道的高平顺性及高平稳性不仅仅是考虑乘客的舒适性，更是为了保证列车的安全运行，这就对控制网的精度提出了非常高的要求。CPⅢ控制网不是一个独立的网，其必须依附于更高一级的控制网，因此有必要先对高速铁路控制网做一简单的介绍，再对 CPⅢ控制网目前存在的问题进行阐述。

1.1　高速铁路控制网简介[9]

高速铁路控制网与传统控制网类似，也分平面控制网和高程控制网两种类型。

其中平面控制网分为CPⅠ、CPⅡ和CPⅢ三个等级。当国家既有GNSS控制点的位置和精度不能满足CPⅠ控制网的约束条件时，应施测框架控制网（CP0）。高程控制网分为线路水准基点控制网和CPⅢ高程控制网。CPⅢ平面控制网和CPⅢ高程控制网两网共点。

1.1.1 高速铁路平面控制网

1. 框架控制网（CP0）

CP0为框架控制网，沿线路走向每50km左右布设一个点，全线一次性布网，在线路起点、终点或与其他线路的衔接处，至少需要布设一个CP0点。

CP0框架控制网采用GNSS技术测量，约束点应为IGS参考站或国家A、B级GNSS点的CGCS2000大地坐标成果，且不少于两个。数据处理需采用高精度的GNSS数据处理软件，基线长度相对误差应小于$0.3\times D\times10^{-6}$（D为基线长度，单位为千米），最终整体约束平差输出CGCS2000坐标系下各点的大地坐标等成果。

2. 基础平面控制网（CPⅠ）

CPⅠ为基础平面控制网，在线路初测阶段建立，沿线路走向每2km布设一个点或者每4km布设一对点，控制点距离线路中线50～1000m。CPⅠ控制网应附合于国家高等级控制点或CP0控制点上，且每50km宜联测一个高等级控制点，全线总约束点个数不得少于3个。

CPⅠ控制网也采用GNSS技术进行测量，相邻点的相对点位中误差不超过±10mm。约束平差完成后，点的成果还需要投影转换为平面直角坐标。

3. 线路平面控制网（CPⅡ）

CPⅡ控制网也叫线路平面控制网，在线路定测阶段建立，沿线路每600～800m布设一个点（隧道内每300～600m布设一对点），并附合于CPⅠ点上。

CPⅡ控制网采用GNSS或导线方法测量，全线一次布网、测量和整体平差，相邻点的相对点位中误差不超过±8mm。

4. 轨道控制网（CPⅢ）平面控制网

CPⅢ控制网主要作用是为轨道板铺设、钢轨铺设和检校提供基准。在线下工程竣工以后进行施测，施测前需通过路基沉降稳定性评估。对于无砟轨道，按照每50～70m一对点进行布设，且附合于CPⅡ点，已知点间距不超过800m。CPⅢ平面控制网通常根据施工需要分段进行测量，且每段长度不小于4km，区段之间重复观测点不少于 4 对。

CPⅢ平面控制网利用测量机器人按照全圆测回法进行观测，约束平差后，点位中误差不超过±2mm，相邻点的相对点位中误差不超过±1mm。

1.1.2 高速铁路高程控制网

1. 线路水准基点控制网

线路水准基点控制网在定测之前施测，且沿线路布设成附合路线或闭合环，每 2km 布设一个水准基点。

线路水准基点控制网全线一次布网，利用电子水准仪统一测量，整体进行平差。对于城际铁路无砟轨道，当列车速度为 120km/h 时，需按照精密水准测量要求进行测量及数据处理。

2. 轨道控制网（CPⅢ）高程控制网

CPⅢ高程控制网与平面控制网共点，附合于线路水准基点，且附合线路长度不超过 3km。CPⅢ高程控制网采用电子水准仪按照矩形法进行观测，平差后各点高程中误差不超过±2mm，相邻点高差中误差不超过±0.5mm。

1.2 CPⅢ控制网测量目前存在的问题

CPⅢ控制网包括平面控制网和高程控制网，虽然两网共点，但通常情况下 CPⅢ平面控制网采用测量机器人进行外业数据采集，而 CPⅢ高程控制网则采用精密水准测量完成外业数据采集。

电子精密水准仪的出现为高程测量技术带来了一次质的飞跃，例如自动读数功能、电子存储功能、功能齐全的机载软件等，使得水准测量的速度和自动化程度有了很大的提高，外业工作量大大降低[10-11]。然而由于 CPⅢ控制点非常密集，利用电子精密水准仪建立 CPⅢ高程控制网依然是一项非常烦琐的工作[12]。

相对于 CPⅢ高程控制网，CPⅢ平面控制网测量的自动化程度则高得多，测量机器人能够自动瞄准目标、自动读数、自动计算、自动检核[13-14]。而且利用测量机器人进行观测时，可获得竖直角和斜距，由此可进一步构建 CPⅢ精密三角高程控制网。因此从理论上讲，通过测量机器人一次数据采集，可同时完成 CPⅢ平面控制网和高程控制网的外业数据采集，这将极大地提高外业施测效率。

《高速铁路测量工程测量规范》第 4.7.1 条有如下说明：“CPⅢ控制点高程测量

可以利用CPⅢ平面网测量的边、角观测值，采用CPⅢ控制网自由测站三角高程测量方法与 CPⅢ平面控制网合并进行”[5]。然而，三角高程观测值受到大气折光、地球曲率及垂线偏差等系统性误差的影响，其精度远低于精密水准测量的水平。在上述误差源中，大气折光受到视线上温度、湿度、气压等环境因素的影响，对精密三角高程测量观测值的影响最大，在观测过程中也会出现随机性的变化，消除大气折光的影响是提高 CPⅢ精密三角高程控制网精度的关键。另外，在西部高海拔地区，垂线偏差变化相对较大，对于 CPⅢ精密三角高程控制网精度的影响还需要做进一步的研究。实践及相关研究表明，利用精密三角高程完全代替精密水准测量建立 CPⅢ高程控制网，还有许多工作要做。在实际工程中高速铁路高程控制测量仅在桥下线路水准基点传递高程至桥上CPⅢ点时采用精密三角高程测量[15]。

除此之外，为了解决 CPⅢ平面控制网投影变形的问题，通常需要将测区分割成多个区域分别进行投影，并各自建立独立的坐标系统，然而多个投影带不利于成果的使用及线路的顺接。

第 2 章　CPⅢ控制网外业数据采集

CPⅢ控制点沿着线路两侧成对布设，纵向间距 50～80m，横向间距与线路本身宽度有关，通常在 13m 左右[16]。CPⅢ控制网外业数据采集必须在线下工程完成后，通过了沉降和变形的稳定性评估以后再进行施测。

CPⅢ平面控制网和高程控制网共点，两网分别采用测量机器人、电子精密水准仪进行测量。由于 CPⅢ平面控制网测量过程中产生的斜距、竖直角能够形成精密三角高程观测值，因此如果能够用其构建合格的 CPⅢ精密三角高程控制网，则可省掉用精密水准测量模式构建 CPⅢ高程控制网的环节，实现 CPⅢ平面控制网和高程控制网的同步数据采集，减少外业工作量、提高工作效率。

本章主要介绍 CPⅢ平面控制网和高程控制网外业数据采集的方法，在 2.3 节还介绍了外业仿真数据的生成过程。

2.1　CPⅢ平面控制网外业观测

CPⅢ平面控制网是一种复杂的边角交会网，附合于 CPⅠ、CPⅡ点上，每 600m 左右联测一个 CPⅠ、CPⅡ点，且自由设站点至 CPⅠ、CPⅡ点的距离不超过 300m。

CPⅢ控制点数量比较大，通常利用测量机器人采用全圆测回法进行外业数据采集，如图 2.1 所示，每测站观测目标点选择规则如下。

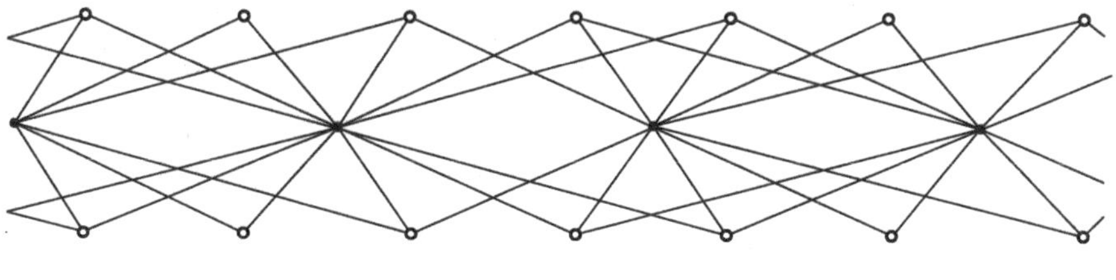

图 2.1　CPⅢ控制网外业观测示意图

第 1 测站选择前 4 个 CPⅢ点；第 2 测站选择前 8 个 CPⅢ点；倒数第 2 测站选择最后 8 个 CPⅢ点；倒数第 1 测站选择最后 4 个 CPⅢ点；其余各测站每次选择 12 个 CPⅢ点。每个 CPⅢ点至少要在连续 3 个测站各观测一次[5]。

每测站选中目标点以后，在各点大致中心位置安置仪器，按照全圆测回法观测2～3个测回，每测站观测数据形成一独立观测文件，文件扩展名为*.RLT或*.SUC。如图2.2所示，前4列分别为观测点号、水平盘读数、竖盘读数和斜距。

```
文件(F) 编辑(E) 格式(O) 查看(V) 帮助(H)
DK948-0,3,7,0
Start:06.10.57 00:05:27
1
948315, 212.51388,  91.57278,   17.0152,  0.0000,   0.00
948317, 225.43154,  90.25184,   66.3971,  0.0000,   0.00
948319, 227.45296,  90.12249,  116.3628,  0.0000,   0.00
948JMP21, 228.00150,  90.14541,  140.0143,  0.0000,   0.00
948320, 232.49385,  90.12108,  116.2903,  0.0000,   0.00
948318, 234.39489,  90.26174,   66.4009,  0.0000,   0.00
948316, 248.02458,  92.17051,   17.0772,  0.0000,   0.00
948315, 212.51376,  91.57289,   17.0149,  0.0000,   0.00
948315,  32.51446, 268.02354,   17.0148,  0.0000,   0.00
948316,  68.02518, 267.42558,   17.0770,  0.0000,   0.00
948318,  54.39501, 269.33460,   66.4008,  0.0000,   0.00
948320,  52.49370, 269.47571,  116.2900,  0.0000,   0.00
948JMP21,  48.00172, 269.45096,  140.0141,  0.0000,   0.00
948319,  47.45281, 269.47427,  116.3628,  0.0000,   0.00
948317,  45.43160, 269.34460,   66.3969,  0.0000,   0.00
948315,  32.51429, 268.02353,   17.0148,  0.0000,   0.00
2
948315, 212.51377,  91.57288,   17.0151,  0.0000,   0.00
948317, 225.43148,  90.25187,   66.3968,  0.0000,   0.00
948319, 227.45277,  90.12249,  116.3629,  0.0000,   0.00
948JMP21, 228.00158,  90.14554,  140.0144,  0.0000,   0.00
948320, 232.49380,  90.12101,  116.2901,  0.0000,   0.00
```

图2.2　RLT文件格式

2.2　CPⅢ高程控制网外业观测

利用精密水准测量方式建立CPⅢ高程控制网目前主要有两种方法，一种是德国的中视法，另一种是国内多采用的矩形法。此外，国内学者还在矩形法基础上发展出Z型法等测量方法。

德国中视法采用往返观测[17-18]，图2.3所示为往测，图2.4所示为返测，图中实心双黑箭头为后视，空心双黑箭头为前视，实心单黑箭头为中视。

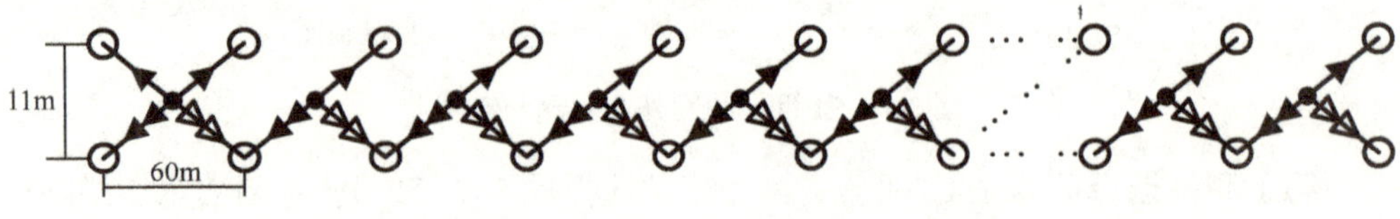

图2.3　德国中视法往测水准路线示意图

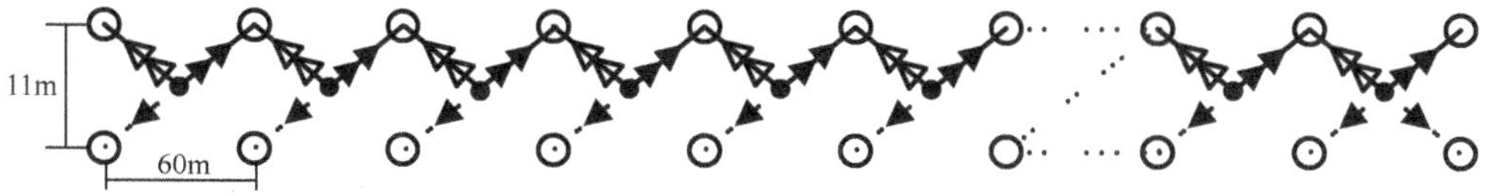

图 2.4　德国中视法返测水准路线示意图

中视法采用独立往返观测的测量方式，因此有较高的可靠性，然而在中国的水准测量规范中，还没有使用中视法进行高程控制测量的先例；同时在同一个闭合环中各高差的精度也是不均匀的。另外，中视法相当于一个后视多个前视，如果后视出现问题就会导致多个测段高差也出现问题，同时一个测站的多个高差观测值不是独立观测值，而是相关观测值，其权阵为非对角阵，给其后的高程控制网严密平差权阵的组成提出了新的问题，目前的算法和通用平差软件均无法解决该问题[19]。

结合中国的实践经验，李书亮等提出了 CPⅢ高程控制网的矩形法测量方式。如图 2.5 所示，黑实心点为测站点。每测站的三段高差和上一测站的一段高差构成独立闭合四边形，依次将所有 CPⅢ点观测完毕[19]。

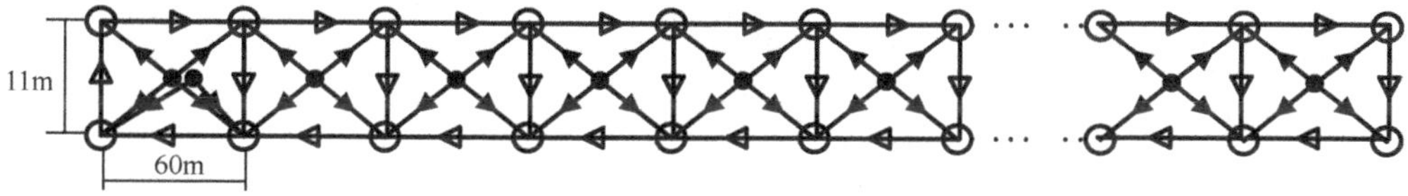

图 2.5　矩形法 CPⅢ高程网测量原理示意图

矩形法有如下优点：通过单程观测，即可联测到线路中所有 CPⅢ点；测量中只涉及后视和前视，符合中国传统水准测量的习惯，并且有相应的测量技术规范做指导；各测段高差均为独立观测值，便于后续展开严密平差计算；测量人员所走距离较中视法大大减少，效率高；探测粗差能力强、可靠性高[19]。如图 2.6 所示为利用天宝电子水准仪采用矩形法进行观测所得的*.dat 文件格式。

其后，何林烜等提出了新中视法，新中视法外业测量耗时少于矩形法的一半，而精度和矩形法一致，大大地提高了外业测量的效率[20]。同时，李建平等提出了 CPⅢ高程控制网的 Z 型法测量方法，相对于矩形法，减轻了观测人员的劳动强度；且平差后 CPⅢ高程控制网每千米高差全中误差、测段高差中误差最大值及验后单位权中误差精度均更优[21]。王国宇等提出了 X 型测量法和改进 X 型测量法，以解决在工期紧张的情况下开展 CPⅢ高程控制网外业测量[22]。此后，刘定威等提出了 CPⅢ高程控制网的新矩形法、单程矩形法和双程矩形法，效率较传统矩形法和 Z 型法更高，而精度和传统矩形法相同[23]。

```
For M5|Adr     1|TO  0915zw.dat
For M5|Adr    32|TO  Start-Line        aBFFB    324|
For M5|Adr    33|KD1  1019309                   324|                           |                          |Z
For M5|Adr    34|KD1  1019309                 2 324|Rb          0.89962 m      |HD          8.644 m       |
For M5|Adr    35|KD1        Z01               2 324|Rf          1.42363 m      |HD          8.225 m       |
For M5|Adr    36|KD1        Z01               2 324|Rf          1.42368 m      |HD          8.224 m       |
For M5|Adr    37|KD1  1019309                 2 324|Rb          0.89961 m      |HD          8.645 m       |
For M5|Adr    38|KD1        Z01                 324|                           |                          |Z
For M5|Adr    39|KD1 GCLCPII35                2 324|Rf          1.42364 m      |HD          8.229 m       |
For M5|Adr    40|KD1        Z01               2 324|Rb          1.42367 m      |HD          8.227 m       |
For M5|Adr    41|KD1        Z01               2 324|Rb          1.42369 m      |HD          8.226 m       |
For M5|Adr    42|KD1 GCLCPII35                2 324|Rf          1.42368 m      |HD          8.227 m       |
For M5|Adr    43|KD1 GCLCPII35                  324|                           |                          |Z
For M5|Adr    44|KD1 GCLCPII35                  324|Sh         -0.52402 m      |dz        0.52402 m       |Z
For M5|Adr    45|KD2 GCLCPII35         2        324|Db            16.87 m      |Df          16.45 m       |Z
For M5|Adr    46|TO  End-Line                   324|
For M5|Adr    47|TO  Start-Line        aBFFB    325|
For M5|Adr    48|KD1 GCLCPII35                  325|                           |                          |Z
For M5|Adr    49|KD1 GCLCPII35                2 325|Rb          1.42366 m      |HD          8.227 m       |
For M5|Adr    50|KD1        Z01               2 325|Rf          0.89963 m      |HD          8.643 m       |
For M5|Adr    51|KD1        Z01               2 325|Rf          0.89964 m      |HD          8.643 m       |
For M5|Adr    52|KD1 GCLCPII35                2 325|Rb          1.42366 m      |HD          8.224 m       |
```

图 2.6　电子水准仪文件格式

2.3　外业观测数据仿真

CPⅢ控制网外业数据的仿真可用于 CPⅢ控制网外业施测方案的设计，除此之外，在 CPⅢ控制网数据处理的研究中也大量需要外业仿真数据。模拟仿真数据具有独特的优势，主要体现在：

① 可提供 CPⅢ点位置和高程的真值；

② 可模拟单项误差数据，也可模拟无误差数据；

③ 可模拟产生无穷多个 CPⅢ控制网。

由于 CPⅢ精密水准网不是本书研究的重点，因此只对 CPⅢ平面控制网观测数据仿真方法进行介绍。以下从控制点点位的仿真、外业观测数据仿真两方面展开讨论[24]。

2.3.1　点位的仿真

如图 2.7 所示，首先建立一平面直角坐标系统。点位仿真具体步骤如下：

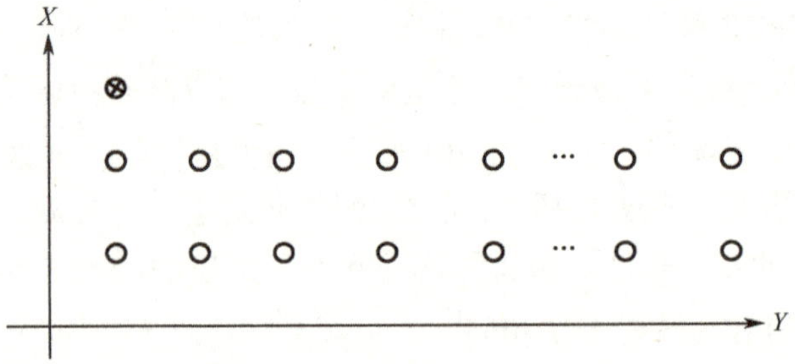

图 2.7　CPⅢ仿真控制点示意图

（1）给定起始点坐标及高程，如(x_0, y_0, H_0)，且纵横坐标及高程各加一随机数。

（2）设 CPⅢ点个数为 n，则各点的坐标及高程如下

$$x_i = \begin{cases} x_0 + 30 + \Delta x_i & \text{奇数点号} \\ x_0 + 15 + \Delta x_i & \text{偶数点号} \end{cases}$$

$$y_i = \begin{cases} y_0 + \dfrac{(i+1)}{2} \times 60 + \Delta y_i & \text{奇数点号} \\ y_0 + \dfrac{i}{2} \times 60 + \Delta y_i & \text{偶数点号} \end{cases}$$

$$H_i = H_0 + \Delta H_i$$

式中，i 为 CPⅢ点序号，Δx_i、Δy_i、ΔH_i 为随机数。

（3）选定线路基准点。为简化程序设计思路，基准点与其最近的 CPⅢ点绑定到一起。

$$x_i' = x_i + L$$

$$y_i' = y_i$$

$$H_i' = H_0 + \Delta H_i$$

式中，L 为基准点与左侧 CPⅢ点的横向间距。

（4）对所得各点坐标矩阵左乘一旋转矩阵，即

$$\begin{bmatrix} n_i \\ e_i \end{bmatrix} = \begin{bmatrix} \cos(\theta) & -\sin(\theta) \\ \sin(\theta) & \cos(\theta) \end{bmatrix} \times \begin{bmatrix} x_i' \\ y_i' \end{bmatrix}$$

式中，θ 为 0°～360°之间的一个随机数，(n_i, e_i) 为 i 点转换后的平面坐标值。

2.3.2　外业观测值数据仿真

对 CPⅢ平面控制网进行观测时，要确保每个目标点（包括基准点）至少要在三个测站各观测一次。当 CPⅢ点附近有基准点时，还要对基准点进行联测。由于基准点和 CPⅢ点有绑定关系，因此每次搜索到被绑定 CPⅢ点时，就可以搜索到绑定的基准点。

如图 2.7 所示，先搜索当前测站需要观测的目标点，再计算测站坐标及高程

$$x_c = \frac{1}{u}\sum n_i + \Delta n_c$$

$$y_c = \frac{1}{u}\sum e_i + \Delta e_c$$

$$H_c = \frac{1}{u}\sum H_i + \Delta H_c$$

式中，u 为当前测站的 CPⅢ点个数，Δn_c、Δe_c、ΔH_c 为随机数。

则各方向观测值为

$$\alpha_i = \arcsin\left(\frac{e_i - y_c}{n_i - x_c}\right) + \theta + \Delta\alpha$$

$$\beta_i = \arcsin\left(\frac{H_i - H_c}{s_i}\right) + \Delta\beta$$

$$s_i = \sqrt{(n_i - x_c)^2 + (e_i - y_c)^2 + (H_i - H_c)^2} + \Delta s$$

式中，α_i、β_i、s_i 分别为目标点相对于测站点的方向观测值、竖直角观测值及斜距观测值；θ 为定向角，介于 0°～360° 之间的一个随机数；$\Delta\alpha$、$\Delta\beta$、Δs 为方向观测误差、竖直角观测误差以及斜距观测误差，是正态分布的随机数，在 MATLAB 软件中通过函数 normrnd 来产生。

每测站生成一独立的观测值文件，按照 RLT 格式存储。

第3章　CPⅢ平面控制网数据处理

CPⅢ平面控制网是由距离观测值和方向观测值构成的一种复杂的控制网，点位密集、精度要求高。对于无砟轨道，当列车设计速度大于 120km/h 时，点位中误差要求不超过±2mm，相邻点相对点位中误差要求不超过±1mm。

本章介绍三种 CPⅢ平面控制网的数据处理方法，即传统的方向-距离模型法、线性二维直角坐标变换模型法及传统的二维直角坐标变换模型法。其中方向-距离模型与二维直角变换模型为非线性模型，需要计算待求参数近似值，才能列误差方程进行平差计算，由此带来两个问题：其一，待求参数近似值精度过低，导致平差结果收敛到错误的结果；其二，为了消除近似值对平差结果的影响，需要反复迭代计算，对待求参数近似值不断修正，使其与平差结果相等，才能保证平差结果的唯一性和最优性。而线性二维直角坐标变换模型虽然不需要计算待求参数近似值，但由于引入了尺度参数，存在参数过度化的问题，导致平差精度略有降低，因此需要引入限定条件。通过实验证明，这三种方法解算精度相同。

3.1　方向-距离模型法

如图 3.1 所示，空心圆圈为 CPⅢ点，实心圆圈为自由设站点。在测站点 O 对周围 12 个 CPⅢ点进行观测，可得 12 个方向观测值和 12 个水平距离观测值。数据处理过程主要包括待求参数近似值的计算、误差方程矩阵计算、赫尔墨特方差分量估计及精度评定等。

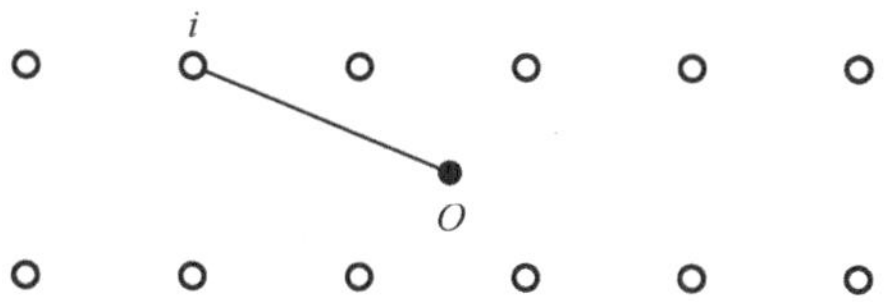

图 3.1　CPⅢ平面控制网观测示意图

3.1.1　待求参数近似值的计算

在计算误差方程系数矩阵前，首先要获取待求参数的近似值。通常分两步计算，即各测站坐标系的统一、测站坐标系向CPⅡ坐标系的转换。

1. 各测站坐标系的统一

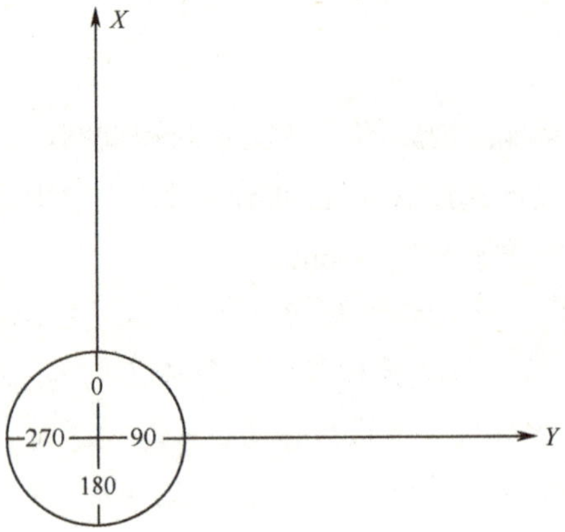

图3.2　测站坐标系

设有 m 个测站，以每测站测量时仪器中心位置为原点，度盘0刻度方向为 X 轴，建立测站坐标系，则每个测站形成一个独立的坐标系，如图3.2所示。

设第1测站和第2测站之间有 A、B 两个公共点，在第1测站独立坐标系下的坐标分别为 (x_A, y_A)、(x_B, y_B)，在第2测站独立坐标系下的坐标分别为 (x_A', y_A')、(x_B', y_B')。

令 $\Delta x_{AB} = x_B - x_A$，$\Delta y_{AB} = y_B - y_A$，则可得第1测站独立坐标系下 A 点到 B 点的方位角

$$\alpha_{AB} = \begin{cases} \arctan\left(\dfrac{|\Delta y_{AB}|}{|\Delta x_{AB}|}\right) & \Delta x_{AB} > 0,\ \Delta y_{AB} \geqslant 0 \\ \pi - \arctan\left(\dfrac{|\Delta y_{AB}|}{|\Delta x_{AB}|}\right) & \Delta x_{AB} < 0,\ \Delta y_{AB} \geqslant 0 \\ \pi + \arctan\left(\dfrac{|\Delta y_{AB}|}{|\Delta x_{AB}|}\right) & \Delta x_{AB} < 0,\ \Delta y_{AB} < 0 \\ 2\pi - \arctan\left(\dfrac{|\Delta y_{AB}|}{|\Delta x_{AB}|}\right) & \Delta x_{AB} > 0,\ \Delta y_{AB} < 0 \\ \dfrac{\pi}{2} & \Delta x_{AB} = 0,\ \Delta y_{AB} > 0 \\ \dfrac{3\pi}{2} & \Delta x_{AB} = 0,\ \Delta y_{AB} < 0 \end{cases}$$

同理可得第2测站独立坐标系下 A 点到 B 点的方位角 α_{AB}'。令 $\theta = \alpha_{AB} - \alpha_{AB}'$，则对于第2测站独立坐标系下的任意点 i 的坐标 (x_i', y_i')，可通过式（3.1）转换到第1测站独立坐标系。

$$\begin{bmatrix} x_i \\ y_i \end{bmatrix} = \begin{bmatrix} x_A \\ y_A \end{bmatrix} + \begin{bmatrix} \cos\theta & -\sin\theta \\ \sin\theta & \cos\theta \end{bmatrix} \times \begin{bmatrix} x_i' - x_A' \\ y_i' - y_A' \end{bmatrix} \tag{3.1}$$

式中，(x_i, y_i) 为 i 点在第1测站独立坐标系下的坐标值。

同理，可将第 j+1 测站独立坐标系下的各点坐标转换到第 j 测站独立坐标系（其

中 j=2,3…,m），从而完成各测站独立坐标系的统一。

为了提高坐标转换的精度，一般选择距离较远的两对公共点进行坐标转换。为了提高坐标转换的可靠性，可利用另一对公共点坐标转换的结果进行检核。

2．测站坐标系向 CPⅡ坐标系的转换

利用已知 CPⅡ平面点坐标将上节所得各点坐标转换到 CPⅡ坐标系统下，坐标变换过程与上节相同。

由于测量误差的存在，利用上述步骤进行坐标转换，其结果必然会有偏差，通常情况下，这种偏差可通过迭代平差的方式消除其影响，但是当这种偏差比较大时，平差结果往往会收敛到错误的点位甚至无法收敛。

3.1.2　误差方程矩阵的计算

CPⅢ平面控制网的观测值有方向观测值和距离观测值两种类型。设在某测站点 j 对待求点 k 进行观测，其中方向观测值对应函数模型如式（3.2）所示，由于是非线性模型，需要进行线性化。式（3.3）为方向观测值对应的误差方程。

$$\tilde{\alpha}_{jk}=\tilde{Z}_j+\tilde{L}_{jk}=\arctan\left(\frac{\tilde{Y}_k-\tilde{Y}_j}{\tilde{X}_k-\tilde{X}_j}\right) \tag{3.2}$$

$$V_{jk}=-z_j+a_{jk}x_j-b_{jk}y_j-a_{jk}x_k+b_{jk}x_k-l_{\alpha_{jk}} \tag{3.3}$$

式中，$l_{\alpha_{jk}}=L_{jk}-\arctan\left(\frac{Y_k^0-Y_j^0}{X_k^0-X_j^0}\right)+Z_j^0$，$\tilde{Z}_j=Z_j^0+z_j$，$a_{jk}=\frac{\sin\alpha_{jk}^0}{S_{jk}^0}$，$b_{jk}=\frac{\cos\alpha_{jk}^0}{S_{jk}^0}$。

式（3.4）和式（3.5）分别为距离观测值所对应的函数模型和误差方程。

$$\tilde{S}_{jk}=\sqrt{(\tilde{X}_k-\tilde{X}_j)^2+(\tilde{Y}_k-\tilde{Y}_j)^2} \tag{3.4}$$

$$V_{jk}=-c_{jk}x_j-d_{jk}y_j+c_{jk}x_k+d_{jk}y_k-l_{s_{jk}} \tag{3.5}$$

式中，$l_{s_{jk}}=S_{jk}-\sqrt{(\tilde{X}_k^0-\tilde{X}_j^0)^2+(\tilde{Y}_k^0-\tilde{Y}_j^0)^2}$，$c_{jk}=\cos\alpha_{jk}^0$，$d_{jk}=\sin\alpha_{jk}^0$。

上述各式中，L_{jk}、S_{jk} 分别为方向观测值和距离观测值，$\tilde{L}_{jk}$、$\tilde{S}_{jk}$ 为各自平差值；j、k 两点最或然坐标值分别为$(\tilde{X}_j,\tilde{Y}_j)$、$(\tilde{X}_k,\tilde{Y}_k)$，$j$ 测站的定向角为$\tilde{Z}_j$；x_j、y_j 分别为 j 点近似坐标修正量，x_k、y_k 为 k 点近似坐标修正量；$(\tilde{X}_j^0,\tilde{Y}_j^0)$、$(\tilde{X}_k^0,\tilde{Y}_k^0)$为 j、k 两点近似坐标值，α_{jk}^0 为 j 点到 k 点的近似方位；Z_j^0 为 j 测站近似定向角，z_j 为其修正数。

设有 $n1$ 个方向观测值和 $n2$ 个距离观测值，测站数为 m，CPⅢ点个数为 t，则可分别写出 $n1$ 个式（3.3）和 $n2$ 个式（3.5），写出矩阵形式为

$$V_1 = B_1X - l_\alpha$$
$$V_2 = B_2X - l_s$$

式中，

$$V_1 = [v_1 \quad v_2 \quad \cdots \quad v_{n1-1} \quad v_{n1}]^{\mathrm T},\ V_2 = [v_1 \quad v_2 \quad \cdots \quad v_{n2-1} \quad v_{n2}]^{\mathrm T},$$
$$l_\alpha = [l_1 \quad l_2 \quad \cdots \quad l_{n1-1} \quad l_{n1}]^{\mathrm T},\ l_s = [l_1 \quad l_2 \quad \cdots \quad l_{n2-1} \quad l_{n2}]^{\mathrm T},$$
$$X = [x_1 \quad y_1 \quad \cdots \quad x_{m+t} \quad y_{m+t}]^{\mathrm T},$$

$$B_1 = \begin{bmatrix} -a_{11} & b_{11} & 0 & 0 & \cdots & 0 & 0 & a_{11} & -b_{11} & 0 & 0 & \cdots & 0 & 0 & -1 & \cdots & 0 \\ 0 & 0 & -a_{12} & b_{12} & \cdots & 0 & 0 & a_{12} & -b_{12} & 0 & 0 & \cdots & 0 & 0 & -1 & \cdots & 0 \\ \vdots & \vdots & \vdots & \vdots & \ddots & \vdots & \vdots & \vdots & \vdots & \vdots & \vdots & \ddots & \vdots & \vdots & \vdots & \ddots & \vdots \\ 0 & 0 & 0 & 0 & \cdots & -a_{mn1} & b_{mn1} & 0 & 0 & 0 & 0 & \cdots & a_{mn1} & -b_{mn1} & 0 & \cdots & -1 \end{bmatrix},$$

$$B_2 = \begin{bmatrix} c_{11} & d_{11} & 0 & 0 & \cdots & 0 & 0 & -c_{11} & -d_{11} & 0 & 0 & \cdots & 0 & 0 \\ 0 & 0 & c_{12} & d_{12} & \cdots & 0 & 0 & -c_{12} & -d_{12} & 0 & 0 & \cdots & 0 & 0 \\ \vdots & \vdots & \vdots & \vdots & \ddots & \vdots & \vdots & \vdots & \vdots & \vdots & \vdots & \ddots & \vdots & \vdots \\ 0 & 0 & 0 & 0 & \cdots & c_{mn2} & d_{mn2} & 0 & 0 & 0 & 0 & \cdots & -c_{mn2} & -d_{mn2} \end{bmatrix}。$$

3.1.3 赫尔墨特方差分量估计

CPⅢ平面控制网有两类观测值，需利用仪器标称精度对观测值定权并确定其权比关系。设方向观测值标称精度为δ_β，距离观测值标称精度为$\delta_S = \pm(a + bs_i)$（s_i为距离观测值，a、b分别为固定误差和比例误差），则方向观测值权矩阵$\boldsymbol{P}_1$和距离观测值权矩阵$\boldsymbol{P}_2$分别为

$$P_1 = \begin{bmatrix} 1 & 0 & \cdots & 0 & 0 \\ 0 & 1 & \cdots & 0 & 0 \\ \vdots & \vdots & \ddots & \vdots & \vdots \\ 0 & 0 & \cdots & 1 & 0 \\ 0 & 0 & \cdots & 0 & 1 \end{bmatrix},\quad P_2 = \begin{bmatrix} \dfrac{\delta_\beta^2}{\delta_{S_1}^2} & 0 & \cdots & 0 & 0 \\ 0 & \dfrac{\delta_\beta^2}{\delta_{S_2}^2} & \cdots & 0 & 0 \\ \vdots & \vdots & \ddots & \vdots & \vdots \\ 0 & 0 & \cdots & \dfrac{\delta_\beta^2}{\delta_{S_{n2-1}}^2} & 0 \\ 0 & 0 & \cdots & 0 & \dfrac{\delta_\beta^2}{\delta_{S_{n2}}^2} \end{bmatrix}$$

通常，第一次平差前按经验公式给出的两类观测值的权矩阵$\boldsymbol{P}_1$和$\boldsymbol{P}_2$是不合理的，可理解为与它们对应的单位权方差不相等，记为δ_{01}^2和δ_{02}^2。赫尔墨特方差分量估计可以利用各次平差后的两类观测值修正数的加权平方和$V_1^{\mathrm T}P_1V_1$和$V_2^{\mathrm T}P_2V_2$来重新估计δ_{01}^2和δ_{02}^2，从而确定更为合理的权矩阵。根据文献[25]，给出方差分量估计

公式为

$$\boldsymbol{S}\tilde{\boldsymbol{\theta}} = \boldsymbol{W}_\theta \tag{3.6}$$

式中，

$$\boldsymbol{S} = \begin{bmatrix} n1 - 2\mathrm{tr}(\boldsymbol{N}^{-1}\boldsymbol{N}_1) + \mathrm{tr}(\boldsymbol{N}^{-1}\boldsymbol{N}_1)^2 & \mathrm{tr}(\boldsymbol{N}^{-1}\boldsymbol{N}_1\boldsymbol{N}^{-1}\boldsymbol{N}_2) \\ \mathrm{tr}(\boldsymbol{N}^{-1}\boldsymbol{N}_1\boldsymbol{N}^{-1}\boldsymbol{N}_2) & n2 - 2\mathrm{tr}(\boldsymbol{N}^{-1}\boldsymbol{N}_2) + \mathrm{tr}(\boldsymbol{N}^{-1}\boldsymbol{N}_2)^2 \end{bmatrix},$$

$\tilde{\boldsymbol{\theta}} = [\delta_{01}^2 \quad \delta_{02}^2]^{\mathrm{T}}$，$\boldsymbol{W}_\theta = [\boldsymbol{V}_1^{\mathrm{T}}\boldsymbol{P}_1\boldsymbol{V}_1 \quad \boldsymbol{V}_2^{\mathrm{T}}\boldsymbol{P}_2\boldsymbol{V}_2]^{\mathrm{T}}$，$\boldsymbol{N}_1 = \boldsymbol{B}_1^{\mathrm{T}}\boldsymbol{P}_1\boldsymbol{B}_1$，$\boldsymbol{N}_2 = \boldsymbol{B}_2^{\mathrm{T}}\boldsymbol{P}_2\boldsymbol{B}_2$，$\boldsymbol{N} = \boldsymbol{N}_1 + \boldsymbol{N}_2$。

通过迭代计算，直至 δ_{01}^2 和 δ_{02}^2 比等于 1 为止。

3.2　线性二维直角坐标变换模型法

在 3.1 节根据观测时刻测站中心、度盘 0 刻度方向建立了测站坐标系，显然测站坐标和工程坐标之间可以通过二维直角坐标变换模型联系起来。本节首先推导出基于线性模型的二维直角坐标变换模型，利用该模型实现 CPⅢ平面控制网各点坐标的最优估计及精度评定。

3.2.1　CPⅢ平面控制网平差线性模型

如图 3.3 所示，设在测站点 A_j 对待测点 A_k 进行观测，利用其方向观测值和距离观测值可获取基线向量 $\overrightarrow{A_jA_k}$。对该基线向量进行旋转、缩放、平移等变换，可得新基线向量 $\overrightarrow{A_jB_k}$，设基线旋转角度为 θ，则 $\varphi = 90° + \dfrac{\theta}{2}$。

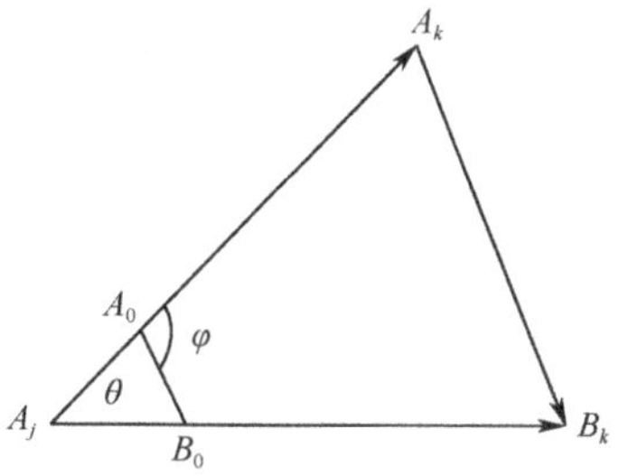

图 3.3　基线变换示意图

由图 3.3 可知

$$\overrightarrow{A_jA_k} = \overrightarrow{A_jB_k} - \overrightarrow{A_kB_k} \tag{3.7}$$

在 A_jA_k 上取一点 A_0，使得 $|A_jA_0| = 1$，过 A_0 做 A_kB_k 平行线交 A_jB_k 于 B_0 点，则

$$\frac{\left|A_jA_0\right|}{\left|A_jA_k\right|}=\frac{\left|A_0B_0\right|}{\left|A_kB_k\right|} \tag{3.8}$$

由式（3.8）得

$$\left|A_kB_k\right|=\left|A_jA_k\right|\times\left|A_0B_0\right| \tag{3.9}$$

则

$$\overrightarrow{A_kB_k}=\left|A_jA_k\right|\times\overrightarrow{A_0B_0} \tag{3.10}$$

又由于 $\overrightarrow{A_0B_0}=\boldsymbol{R}\times\overrightarrow{A_jA_0}$，其中

$$\boldsymbol{R}=k\times\begin{bmatrix}\cos\varphi & -\sin\varphi\\ \sin\varphi & \cos\varphi\end{bmatrix}=\begin{bmatrix}a & -b\\ b & a\end{bmatrix} \tag{3.11}$$

式中，$a=k\cos\varphi$，$b=k\sin\varphi$。

将式（3.11）代入式（3.10）得

$$\overrightarrow{A_kB_k}=\left|A_jA_k\right|\times\boldsymbol{R}\times\overrightarrow{A_jA_0}=\boldsymbol{R}\times\overrightarrow{A_jA_k} \tag{3.12}$$

将式（3.12）代入式（3.7）得

$$\overrightarrow{A_jA_k}=\overrightarrow{A_jB_k}-\boldsymbol{R}\times\overrightarrow{A_jA_k} \tag{3.13}$$

则

$$\begin{bmatrix}\Delta\tilde{X}_{jk}\\ \Delta\tilde{Y}_{jk}\end{bmatrix}=\begin{bmatrix}U_k\\ V_k\end{bmatrix}-\begin{bmatrix}U_j\\ V_j\end{bmatrix}-\begin{bmatrix}a & -b\\ b & a\end{bmatrix}\times\begin{bmatrix}\Delta\tilde{X}_{jk}\\ \Delta\tilde{Y}_{jk}\end{bmatrix} \tag{3.14}$$

$$\begin{bmatrix}\Delta\tilde{X}_{jk}\\ \Delta\tilde{Y}_{jk}\end{bmatrix}=\begin{bmatrix}U_k\\ V_k\end{bmatrix}-\begin{bmatrix}U_j\\ V_j\end{bmatrix}-\begin{bmatrix}\Delta\tilde{X}_{jk} & -\Delta\tilde{Y}_{jk}\\ \Delta\tilde{Y}_{jk} & \Delta\tilde{X}_{jk}\end{bmatrix}\times\begin{bmatrix}a\\ b\end{bmatrix} \tag{3.15}$$

式（3.15）即为CPⅢ平面控制网平差的线性模型。

由式（3.15）可得

$$\begin{bmatrix}\Delta\tilde{X}_{jk}\\ \Delta\tilde{Y}_{jk}\end{bmatrix}=\begin{bmatrix}U_k\\ V_k\end{bmatrix}-\begin{bmatrix}U_j\\ V_j\end{bmatrix}-\begin{bmatrix}\Delta\tilde{X}_{jk} & -\Delta\tilde{Y}_{jk}\\ \Delta\tilde{Y}_{jk} & \Delta\tilde{X}_{jk}\end{bmatrix}\times\begin{bmatrix}a\\ b\end{bmatrix} \tag{3.16}$$

由式（3.16）可得

$$\boldsymbol{K}\times\begin{bmatrix}V_{\Delta X_{jk}}\\ V_{\Delta Y_{jk}}\end{bmatrix}=\begin{bmatrix}U_k\\ V_k\end{bmatrix}-\begin{bmatrix}U_j\\ V_j\end{bmatrix}-\begin{bmatrix}\Delta X_{jk} & -\Delta Y_{jk}\\ \Delta Y_{jk} & \Delta X_{jk}\end{bmatrix}\times\begin{bmatrix}a\\ b\end{bmatrix}-\begin{bmatrix}\Delta X_{jk}\\ \Delta Y_{jk}\end{bmatrix} \tag{3.17}$$

其中，$\boldsymbol{K}=\begin{bmatrix}a_0+1 & -b_0\\ b_0 & a_0+1\end{bmatrix}+\begin{bmatrix}\delta a & -\delta b\\ \delta b & \delta a\end{bmatrix}$。

由于 $\begin{bmatrix}\delta a & -\delta b\\ \delta b & \delta a\end{bmatrix}\times\begin{bmatrix}V_{\Delta X_{jk}}\\ V_{\Delta Y_{jk}}\end{bmatrix}\approx\begin{bmatrix}0\\ 0\end{bmatrix}$，令 $\boldsymbol{K}'\approx\begin{bmatrix}a_0+1 & -b_0\\ b_0 & a_0+1\end{bmatrix}$，故由式（3.17）可得基线向量误差方程为

$$\begin{bmatrix} V_{\Delta X_{jk}} \\ V_{\Delta Y_{jk}} \end{bmatrix}' = \boldsymbol{K}' \times \begin{bmatrix} V_{\Delta X_{jk}} \\ V_{\Delta Y_{jk}} \end{bmatrix} = \begin{bmatrix} U_k \\ V_k \end{bmatrix} - \begin{bmatrix} U_j \\ V_j \end{bmatrix} - \begin{bmatrix} \Delta X_{jk} & -\Delta Y_{jk} \\ \Delta Y_{jk} & \Delta X_{jk} \end{bmatrix} \times \begin{bmatrix} a \\ b \end{bmatrix} - \begin{bmatrix} \Delta X_{jk} \\ \Delta Y_{jk} \end{bmatrix} \tag{3.18}$$

设总观测点数（包括重复点）为 n，则有 $2n$ 个误差方程，写成矩阵形式为

$$\boldsymbol{V} = \boldsymbol{BX} - \boldsymbol{l}$$

其中

$$\boldsymbol{V} = \begin{bmatrix} V_{X1} & V_{Y1} & \cdots & V_{Xn} & V_{Yn} \end{bmatrix}^{\mathrm{T}}$$

$$\boldsymbol{B} = \begin{bmatrix} 1 & 0 & \cdots & -1 & 0 & \cdots & \Delta X_1 & -\Delta Y_1 & \cdots \\ 0 & 1 & \cdots & 0 & -1 & \cdots & \Delta Y_1 & \Delta X_1 & \cdots \\ \vdots & \vdots & \ddots & \vdots & \vdots & \ddots & \vdots & \vdots & \ddots \\ 1 & 0 & \cdots & -1 & 0 & \cdots & \Delta X_n & -\Delta Y_n & \cdots \\ 0 & 1 & \cdots & 0 & -1 & \cdots & \Delta Y_n & \Delta X_n & \cdots \end{bmatrix}$$

$$\boldsymbol{X} = \begin{bmatrix} U_{k1} & V_{k1} & \cdots & U_{j1} & V_{j1} & \cdots & a_1 & b_1 & \cdots \end{bmatrix}^{\mathrm{T}}$$

$$\boldsymbol{l} = \begin{bmatrix} \Delta X_1 & \Delta Y_1 & \cdots & \Delta X_n & \Delta Y_n \end{bmatrix}^{\mathrm{T}}$$

观测值权矩阵为

$$\boldsymbol{P} = \begin{bmatrix} P_{\Delta X_1 \Delta X_1} & P_{\Delta X_1 \Delta Y_1} & 0 & 0 & 0 \\ P_{\Delta X_1 \Delta Y_1} & P_{\Delta Y_1 \Delta Y_1} & 0 & 0 & 0 \\ \vdots & \vdots & \ddots & \vdots & \vdots \\ 0 & 0 & 0 & P_{\Delta X_n \Delta X_n} & P_{\Delta X_n \Delta Y_n} \\ 0 & 0 & 0 & P_{\Delta X_n \Delta Y_n} & P_{\Delta Y_n \Delta Y_n} \end{bmatrix}$$

设待定点个数为 m，则未知参数个数为 $2m$。在观测值总数大于或等于未知参数的情况下，方程有解，即 $2n> 2m$，得 $n>m$。

利用间接平差原理可得 $\boldsymbol{X} = (\boldsymbol{B}^{\mathrm{T}}\boldsymbol{PB})^{-1}\boldsymbol{B}^{\mathrm{T}}\boldsymbol{Pl}$。

未知参数协因数阵 $\boldsymbol{Q} = (\boldsymbol{B}^{\mathrm{T}}\boldsymbol{PB})^{-1}$。

验后单位权中误差为 $n_0 = \pm\sqrt{\dfrac{(\boldsymbol{V}^{\mathrm{T}}\boldsymbol{PV})}{f}}$。

转换后各待求参数精度矩阵为 $\boldsymbol{M} = n_0^2\boldsymbol{Q}$。

基于线性模型的 CPⅢ平面控制网平差模型不需要计算近似值，不需要迭代计算，因此计算量将大大减轻，同时线性模型在形式上也更加简单。

3.2.2　尺度系数限定条件

设平差前后两基线旋转角度为 θ，则 $\varphi = 90^\circ + \dfrac{\theta}{2}$，因此

$$\overrightarrow{A_0B_0} = \boldsymbol{R} \times \overrightarrow{A_jA_0}$$

$$\boldsymbol{R} = k \times \begin{bmatrix} \cos\varphi & -\sin\varphi \\ \sin\varphi & \cos\varphi \end{bmatrix} = \begin{bmatrix} a & -b \\ b & a \end{bmatrix} \tag{3.19}$$

其中$k = \left|\overrightarrow{A_0B_0}\right|$，由于$\left|\overrightarrow{A_jB_0}\right| = \left|\overrightarrow{A_jA_0}\right|$，则$k = 2\cos(180-\varphi)$，代入式（3.19）得

$$a = -2\cos\varphi\cos\varphi = -1 - \cos 2\varphi$$

$$b = -2\cos\varphi\sin\varphi = -\sin 2\varphi$$

则可得

$$(a+1)^2 + b^2 = 1 \tag{3.20}$$

式（3.20）即为式（3.16）的附加条件，设a和b的近似值分别为a_0、b_0，对式（3.20）线性化得

$$2(a_0+1)\mathrm{d}a + 2b_0\mathrm{d}b + (a_0+1)^2 + {b_0}^2 = 1 \tag{3.21}$$

为保持未知参数的统一，对式（3.18）进行变换得

$$\begin{bmatrix} V_{\Delta X_{jk}} \\ V_{\Delta Y_{jk}} \end{bmatrix}' = \begin{bmatrix} \hat{U}_k \\ \hat{V}_k \end{bmatrix} - \begin{bmatrix} \hat{U}_j \\ \hat{V}_j \end{bmatrix} - \begin{bmatrix} \Delta X_{jk} & -\Delta Y_{jk} \\ \Delta Y_{jk} & \Delta X_{jk} \end{bmatrix} \times \begin{bmatrix} \mathrm{d}a \\ \mathrm{d}b \end{bmatrix} - \left\{ \begin{bmatrix} \Delta X_{jk} \\ \Delta Y_{jk} \end{bmatrix} + \begin{bmatrix} \Delta X_{jk} & -\Delta Y_{jk} \\ \Delta Y_{jk} & \Delta X_{jk} \end{bmatrix} \times \begin{bmatrix} a_0 \\ b_0 \end{bmatrix} \right\} \tag{3.22}$$

式（3.21）和式（3.22）构成附有条件的间接平差模型。

设总观测点数（包括重复点）为n，待求点个数为t，测站数为m，则有$2n$个误差方程，m个附加条件方程，写成矩阵形式为

$$\boldsymbol{V} = \boldsymbol{BX} - \boldsymbol{l} \tag{3.23}$$

其中

$$\boldsymbol{V} = [V_{X_1} \quad V_{Y_1} \quad \cdots \quad V_{X_n} \quad V_{Y_n}]^{\mathrm{T}}$$

$$\boldsymbol{B} = \begin{bmatrix} 1 & 0 & \cdots & 0 & 0 & -1 & 0 & \cdots & 0 & 0 & \Delta X_1 & -\Delta Y & \cdots & 0 & 0 \\ 0 & 1 & \cdots & 0 & 0 & 0 & -1 & \cdots & 0 & 0 & \Delta Y_1 & \Delta X_1 & \cdots & 0 & 0 \\ \vdots & \vdots & \ddots & \vdots & \vdots & \vdots & \vdots & \ddots & \vdots & \vdots & \vdots & \vdots & \ddots & \vdots & \vdots \\ 0 & 0 & \cdots & 1 & 0 & 0 & 0 & \cdots & -1 & 0 & 0 & 0 & \cdots & \Delta X_n & -\Delta Y_n \\ 0 & 0 & \cdots & 0 & 1 & 0 & 0 & \cdots & 0 & -1 & 0 & 0 & \cdots & \Delta Y_n & \Delta X_n \end{bmatrix}$$

$$\boldsymbol{X} = [U_{k_1} \quad V_{k_1} \quad \cdots \quad U_{k_t} \quad V_{k_t} \quad U_{j_1} \quad V_{j_1} \quad \cdots \quad U_{j_m} \quad V_{j_m} \quad \delta a_1 \quad \delta b_1 \quad \cdots \quad \delta a_m \quad \delta b_m]^{\mathrm{T}}$$

$$\boldsymbol{l} = [\Delta X_1(1+a_0^1) - b_0^1\Delta Y_1 \quad \Delta Y_1(1+a_0^1) + b_0^1\Delta X_1 \quad \cdots \quad \Delta X_n(1+a_0^m) - b_0^m\Delta Y_n \quad \Delta Y_n(1+a_0^m) - b_0^m\Delta X_n]^{\mathrm{T}}$$

观测值权矩阵为

$$P=\begin{bmatrix} P_{\Delta X_1\Delta X_1} & P_{\Delta X_1\Delta Y_1} & \cdots & 0 & 0 \\ P_{\Delta X_1\Delta Y_1} & P_{\Delta Y_1\Delta Y_1} & \cdots & 0 & 0 \\ \vdots & \vdots & \ddots & \vdots & \vdots \\ 0 & 0 & \cdots & P_{\Delta X_n\Delta X_n} & P_{\Delta X_n\Delta Y_n} \\ 0 & 0 & \cdots & P_{\Delta X_n\Delta Y_n} & P_{\Delta Y_n\Delta Y_n} \end{bmatrix}$$

附加条件方程式为

$$\boldsymbol{CX}-\boldsymbol{W}_x=0 \tag{3.24}$$

其中

$$\boldsymbol{C}=\begin{bmatrix} \cdots & 0 & 2(1+a_0^1) & 2b_0^1 & \cdots & 0 & 0 \\ \vdots & \vdots & \vdots & \vdots & \ddots & \vdots & \vdots \\ \cdots & 0 & 0 & 0 & \cdots & 2(1+a_0^m) & 2b_0^m \end{bmatrix}$$

$$\boldsymbol{W}_x=\begin{bmatrix} (1+a_0^1)^2+(b_0^1)^2-1 \\ \vdots \\ (1+a_0^m)^2+(b_0^m)^2-1 \end{bmatrix}$$

实际解算中，先用式（3.18）列误差方程，利用间接平差解算各测站间转换参数近似值$\begin{bmatrix} a_0^i \\ b_0^i \end{bmatrix}$，（$i$ 为测站序号）。再由式（3.21）和式（3.22）构成附有条件的间接平差方程，利用最小二乘法获取待求参数最或然值。由文献[25]可知

$$\boldsymbol{N}_{bb}=\boldsymbol{B}^{\mathrm{T}}\boldsymbol{PB}，\quad \boldsymbol{W}=\boldsymbol{B}^{\mathrm{T}}\boldsymbol{Pl}，\quad \boldsymbol{N}_{xx}=\boldsymbol{CN}_{bb}^{-1}\boldsymbol{C}^{\mathrm{T}}$$

$$\boldsymbol{X}=(\boldsymbol{N}_{bb}^{-1}-\boldsymbol{N}_{bb}^{-1}\boldsymbol{C}^{\mathrm{T}}\boldsymbol{N}_{cc}^{-1}\boldsymbol{CN}_{bb}^{-1})\boldsymbol{W}-\boldsymbol{N}_{bb}^{-1}\boldsymbol{C}^{\mathrm{T}}\boldsymbol{N}_{cc}^{-1}\boldsymbol{W}_x$$

$$\hat{\sigma}_0=\frac{\sqrt{\boldsymbol{V}^{\mathrm{T}}\boldsymbol{PV}}}{n-t-m}$$

未知数协因数阵为

$$\boldsymbol{Q}_{\hat{X}\hat{X}}=\boldsymbol{N}_{bb}^{-1}-\boldsymbol{N}_{bb}^{-1}\boldsymbol{C}^{\mathrm{T}}\boldsymbol{N}_{cc}^{-1}\boldsymbol{CN}_{bb}^{-1}$$

则未知参数方差矩阵为

$$\boldsymbol{D}_{bb}=\hat{\sigma}_0^2\boldsymbol{Q}_{\hat{X}\hat{X}}$$

基线向量权估计采用最小范数二次无偏估计。

3.2.3　基线向量观测值权的确定

线性模型采用了基线向量作为虚拟观测值，因此本节首先推导出基线向量和原始观测值的微分关系，再利用最小范数二次无偏估计确定基线向量观测值的权比关系。设测站点为 j，待测点为 k，则基线向量为

$$\begin{bmatrix}\Delta X_{jk}\\ \Delta Y_{jk}\end{bmatrix}=\begin{bmatrix}D_{jk}\cos\alpha_{jk}\\ D_{jk}\sin\alpha_{jk}\end{bmatrix} \tag{3.25}$$

式中，D_{jk}、α_{jk} 分别为在 j 点对 k 点进行观测所得水平距离观测值和方向观测值。

对式（3.25）取微分得

$$\begin{bmatrix}\mathrm{d}\Delta X_{jk}\\ \mathrm{d}\Delta Y_{jk}\end{bmatrix}=\begin{bmatrix}-D_{jk}\sin\alpha_{jk}\\ D_{jk}\cos\alpha_{jk}\end{bmatrix}\frac{1000\mathrm{d}\alpha_{jk}}{\rho}+\begin{bmatrix}\cos\alpha_{jk}\\ \sin\alpha_{jk}\end{bmatrix}\mathrm{d}D_{jk} \tag{3.26}$$

式中，$\rho=206265$。

设所测点（包括重复点）个数为 n，则可写出 n 个式（3.26），合写为矩阵形式为

$$\mathrm{d}\boldsymbol{L}=\boldsymbol{H}_1\mathrm{d}\boldsymbol{A}+\boldsymbol{H}_2\mathrm{d}\boldsymbol{D} \tag{3.27}$$

式中，

$$\mathrm{d}\boldsymbol{L}=\begin{bmatrix}\mathrm{d}\Delta X_1 & \mathrm{d}\Delta Y_1 & \cdots & \mathrm{d}\Delta X_n & \mathrm{d}\Delta X_n\end{bmatrix}^{\mathrm{T}}$$

$$\mathrm{d}\boldsymbol{A}=\begin{bmatrix}\mathrm{d}\alpha_1 & \cdots & \mathrm{d}\alpha_n\end{bmatrix}^{\mathrm{T}}$$

$$\mathrm{d}\boldsymbol{D}=\begin{bmatrix}\mathrm{d}D_1 & \cdots & \mathrm{d}D_n\end{bmatrix}^{\mathrm{T}}$$

$$\boldsymbol{H}_1=\begin{bmatrix}\frac{-1000D_1\sin\alpha_1}{\rho} & \cdots & 0\\ \frac{1000D_1\cos\alpha_1}{\rho} & \cdots & 0\\ \vdots & \ddots & \vdots\\ 0 & \cdots & \frac{-1000D_n\sin\alpha_n}{\rho}\\ 0 & \cdots & \frac{1000D_n\cos\alpha_n}{\rho}\end{bmatrix},\quad \boldsymbol{H}_2=\begin{bmatrix}\cos\alpha_1 & \cdots & 0\\ \sin\alpha_1 & \cdots & 0\\ \vdots & \ddots & \vdots\\ 0 & \cdots & \cos\alpha_n\\ 0 & \cdots & \sin\alpha_n\end{bmatrix}$$

由式（3.17）得

$$\begin{bmatrix}V_{\Delta X_{jk}}\\ V_{\Delta Y_{jk}}\end{bmatrix}'=\boldsymbol{K}'\times\begin{bmatrix}V_{\Delta X_{jk}}\\ V_{\Delta Y_{jk}}\end{bmatrix}$$

令 $\boldsymbol{H}_{c1}=\boldsymbol{G}\boldsymbol{H}_1$，$\boldsymbol{H}_{c2}=\boldsymbol{G}\boldsymbol{H}_2$，其中

$$\boldsymbol{G}=\begin{bmatrix}K'_1 & 0 & 0\\ 0 & \ddots & 0\\ 0 & 0 & K'_n\end{bmatrix}$$

则由文献[25]可得

$$\boldsymbol{T}_1=\boldsymbol{H}_{c1}\times\boldsymbol{H}_{c1}^{\mathrm{T}},\quad \boldsymbol{T}_2=\boldsymbol{H}_{c2}\times\boldsymbol{H}_{c2}^{\mathrm{T}},\quad \boldsymbol{T}=\boldsymbol{T}_1+\boldsymbol{T}_2$$

$$\boldsymbol{C}=\boldsymbol{T}^{-1}-\boldsymbol{T}^{-1}\boldsymbol{B}(\boldsymbol{B}^{\mathrm{T}}\boldsymbol{T}^{-1}\boldsymbol{B})^{-1}\boldsymbol{B}^{\mathrm{T}}\boldsymbol{T}^{-1}$$

$$\boldsymbol{S}=\begin{bmatrix}\mathrm{tr}(\boldsymbol{C}\boldsymbol{T}_1\boldsymbol{C}\boldsymbol{T}_1) & \mathrm{tr}(\boldsymbol{C}\boldsymbol{T}_1\boldsymbol{C}\boldsymbol{T}_2)\\ \mathrm{tr}(\boldsymbol{C}\boldsymbol{T}_2\boldsymbol{C}\boldsymbol{T}_1) & \mathrm{tr}(\boldsymbol{C}\boldsymbol{T}_2\boldsymbol{C}\boldsymbol{T}_2)\end{bmatrix}$$

$$\boldsymbol{W}=\begin{bmatrix}\boldsymbol{V}^{\mathrm{T}}\boldsymbol{C}\boldsymbol{T}_1\boldsymbol{C}\boldsymbol{V}\\ \boldsymbol{V}^{\mathrm{T}}\boldsymbol{C}\boldsymbol{T}_2\boldsymbol{C}\boldsymbol{V}\end{bmatrix}$$

$$\boldsymbol{\theta}=\boldsymbol{S}^{-1}\boldsymbol{W}$$

其中

$$\boldsymbol{\theta}=\begin{bmatrix}\delta_\alpha^2\\ \delta_D^2\end{bmatrix}$$

δ_α^2 和 δ_D^2 分别为方位观测值和距离观测值的验后单位权方差，则其未知数协方差矩阵分别为 $\boldsymbol{M}_1$ 和 $\boldsymbol{M}_2$。

$$\boldsymbol{M}_1=\delta_\alpha^2\boldsymbol{E}\;,\quad \boldsymbol{M}_2=\delta_D^2\boldsymbol{E}$$

则两类观测值权分别为

$$\boldsymbol{P}_1=\delta_\alpha^2\boldsymbol{M}_1^{-1}\;,\quad \boldsymbol{P}_2=\delta_D^2\boldsymbol{M}_2^{-1}$$

由此可得基线向量的协因数阵为

$$\boldsymbol{Q}=\boldsymbol{H}_1\boldsymbol{P}_1^{-1}\boldsymbol{H}_1^{\mathrm{T}}+\boldsymbol{H}_2\boldsymbol{P}_2^{-1}\boldsymbol{H}_2^{\mathrm{T}}$$

可得基线观测向量的权阵 $\boldsymbol{P}=\boldsymbol{Q}^{-1}$。由于最小范数二次无偏估计不需要进行迭代计算，因此计算工作量比较小。

3.3　二维直角坐标变换模型法

在第 3.2 节介绍了基于线性二维直角坐标变换模型的 CPⅢ平面控制网数据处理方法。本节对基于传统二维直角坐标变换模型的 CPⅢ平面控制网数据处理方法再做简单的介绍。其中基线向量的定权与 3.2 节相同，本节不再赘述。

如图 3.3 所示，设在测站点 j 对待测点 k 进行观测，设测站点 j 的坐标为(0,0)，待测点 k 的坐标为 (x_k, y_k)。则有

$$\begin{bmatrix}x_k\\ y_k\end{bmatrix}=\begin{bmatrix}\Delta x_{jk}\\ \Delta y_{jk}\end{bmatrix}=\begin{bmatrix}d_{jk}\cos\alpha_{jk}\\ d_{jk}\sin\alpha_{jk}\end{bmatrix}\tag{3.28}$$

式中，α_{jk} 和 d_{jk} 分别为 j 点到 k 点的方向和水平距离。显然，由于测站点坐标和起始方向的不确定性，待测点 k 的坐标值 (x_k, y_k) 并不是其真实点位值。设 k 点真实坐标值为 (u_k, v_k)，则有

$$\begin{bmatrix} x_k \\ y_k \end{bmatrix} = \begin{bmatrix} t_u \\ t_v \end{bmatrix} + \begin{bmatrix} \cos\varphi & -\sin\varphi \\ \sin\varphi & \cos\varphi \end{bmatrix} \times \begin{bmatrix} u_k \\ v_k \end{bmatrix} \tag{3.29}$$

式中，$(t_u, t_v)^{\mathrm{T}}$ 为平移参数，φ 为旋转角度。

在 3.2 节中，两坐标系统间的变换考虑缩放因子，然而在 CPⅢ平面控制网平差中不存在系统性的尺度变化，因此可以不考虑缩放因子。

将式（3.29）线性化并写出误差方程得

$$\begin{bmatrix} v_{x_k} \\ v_{y_k} \end{bmatrix} = \begin{bmatrix} \cos\varphi^0 & -\sin\varphi^0 & 1 & 0 & (-u_k^0 \sin\varphi^0 + v_k^0 \cos\varphi^0)\dfrac{1}{\rho} \\ \sin\varphi^0 & \cos\varphi^0 & 0 & 1 & (-u_k^0 \cos\varphi^0 - v_k^0 \sin\varphi^0)\dfrac{1}{\rho} \end{bmatrix} \times \begin{bmatrix} \delta u_k \\ \delta v_k \\ t_u \\ t_v \\ \delta_\varphi \end{bmatrix} - \begin{bmatrix} x_k - u_k^0 \cos\varphi^0 - v_k^0 \sin\varphi^0 \\ y_k + u_k^0 \sin\varphi^0 - v_k^0 \cos\varphi^0 \end{bmatrix} \tag{3.30}$$

式中，$[v_{x_k} \quad v_{y_k}]^{\mathrm{T}}$ 为 $[x_k \quad y_k]^{\mathrm{T}}$ 的修正数矩阵，φ^0、u_k^0、v_k^0 分别为 φ、u_k、v_k 的近似值，δ_φ、δu_k、δv_k 分别为其修正数，$\varphi = \delta_\varphi + \varphi^0$，$u_k = \delta u_k + u_k^0$，$v_k = \delta v_k + v_k^0$。

设观测点个数为 n，待求点个数为 t，测站数为 m，则可写出 n 个类似于式(3.30)的方程，写成矩阵形式为

$$\boldsymbol{V} = \boldsymbol{B}\boldsymbol{X} - \boldsymbol{l} \tag{3.31}$$

其中，

$$\boldsymbol{B} = \begin{bmatrix} \cos\varphi_1^0 & -\sin\varphi_1^0 & \cdots & 0 & 0 & 1 & 0 & (-u_1^0 \sin\varphi_1^0 + v_1^0 \cos\varphi_1^0)\dfrac{1}{\rho} & \cdots & 0 & 0 & 0 \\ \sin\varphi_1^0 & \cos\varphi_1^0 & \cdots & 0 & 0 & 0 & 1 & (-u_1^0 \cos\varphi_1^0 - v_1^0 \sin\varphi_1^0)\dfrac{1}{\rho} & \cdots & 0 & 0 & 0 \\ \vdots & \vdots & \ddots & \vdots & \vdots & \vdots & \vdots & \vdots & \ddots & \vdots & \vdots & \vdots \\ 0 & 0 & \cdots & \cos\varphi_m^0 & -\sin\varphi_m^0 & 0 & 0 & 0 & \cdots & 1 & 0 & (-u_t^0 \sin\varphi_m^0 + v_t^0 \cos\varphi_m^0)\dfrac{1}{\rho} \\ 0 & 0 & \cdots & \sin\varphi_m^0 & \cos\varphi_m^0 & 0 & 0 & 0 & \cdots & 0 & 1 & (-u_t^0 \cos\varphi_m^0 - v_t^0 \sin\varphi_m^0)\dfrac{1}{\rho} \end{bmatrix}$$

$$
\boldsymbol{V}=\begin{bmatrix} v_{x_1} \\ v_{y_1} \\ \vdots \\ v_{x_n} \\ v_{y_n} \end{bmatrix},\quad
\boldsymbol{X}=\begin{bmatrix} \delta u_1 \\ \delta v_1 \\ \vdots \\ \delta u_t \\ \delta v_t \\ t_{u_1} \\ t_{v_1} \\ \delta\varphi_1 \\ \vdots \\ t_{u_m} \\ t_{v_m} \\ \delta\varphi_m \end{bmatrix},\quad
\boldsymbol{l}=\begin{bmatrix} x_1-(u_1^0\cos\varphi_1^0-v_1^0\sin\varphi_1^0) \\ y_1-(u_1^0\sin\varphi_1^0+v_1^0\cos\varphi_1^0) \\ \vdots \\ x_n-(u_t^0\cos\varphi_m^0-v_t^0\sin\varphi_m^0) \\ y_n-(u_t^0\sin\varphi_m^0+v_t^0\cos\varphi_m^0) \end{bmatrix}
$$

二维直角坐标变换模型和传统方向-距离模型都是非线性模型，平差前需要进行线性化、计算近似值。

3.4　实验验证

3.4.1　线性二维直角坐标变换模型法模拟数据验证

为验证线性二维直角坐标变换模型法的可行性，利用外业数据仿真程序产生 10 套模拟数据，并利用程序分别对模拟数据进行计算处理[26]。通过分析各点的点位中误差及每对相邻点相对点位中误差的情况，来判断数据处理的可靠性。

对 10 套数据处理的结果如表 3.1 和表 3.2 所示，其中表 3.1 为常规定权后的平差结果，表 3.2 为利用最小范数二次无偏估计严密定权后的平差结果。

表 3.1　常规定权后的平差结果

序号	CPⅢ点个数	点位中误差（mm）		相邻点位中误差（mm）	
		最大点位中误差	平均点位中误差	最大点间中误差	平均点位中误差
1	60	1.77	1.24	0.94	0.76
2	60	2.41	1.59	1.32	1.08
3	60	1.46	1.08	1.09	0.80
4	60	1.89	1.20	0.98	0.76
5	60	2.05	1.35	1.06	0.82
6	120	1.60	1.09	1.02	0.76

续表

序号	CPⅢ点个数	点位中误差（mm）		相邻点位中误差（mm）	
		最大点位中误差	平均点位中误差	最大点间中误差	平均点位中误差
7	120	1.57	1.09	1.03	0.78
8	120	1.65	1.14	1.04	0.82
9	120	1.65	1.15	1.07	0.85
10	120	1.48	0.98	0.87	0.67

表 3.2　严密定权后的平差结果

序号	CPⅢ点个数	点位中误差（mm）		相邻点位中误差（mm）	
		最大点位中误差	平均点位中误差	最大点间中误差	平均点位中误差
1	60	1.46	1.03	0.81	0.74
2	60	1.48	0.98	0.81	0.72
3	60	1.16	0.86	0.88	0.74
4	60	1.49	0.96	0.80	0.71
5	60	1.50	1.00	0.82	0.73
6	120	1.28	0.88	0.83	0.73
7	120	1.32	0.93	0.86	0.77
8	120	1.24	0.88	0.81	0.72
9	120	1.17	0.85	0.79	0.71
10	120	1.28	0.86	0.78	0.69

表 3.1 和表 3.2 中相同序号的实验采用了相同的模拟数据。由计算结果对照分析，利用最小范数二次无偏估计严密定权后对 CPⅢ平面控制网进行平差计算，点位精度有了很大提高，而且误差分布也更加均匀，因此对观测值进行权估计是非常必要的。

从表 3.2 数据分析可知，各套数据解算结果点位中误差都在±2mm 之内，而相邻点间中误差都小于±1mm。由模拟数据解算结果可知，线性二维直角坐标变换模型法用于 CPⅢ平面控制网的平差是可行的。

上述实验中，虽然线性二维直角坐标变换模型法解算结果全部合格，但通过大量实验发现其精度略低于方向-距离模型法解算结果。

3.4.2　附限定条件的线性二维直角坐标变换模型法模拟数据验证

在 3.4.1 节中，通过仿真数据解算实验发现，线性二维直角坐标变换模型法的解算精度略低于传统的方向-距离模型法，通过分析推测：这是由于前者包含了尺度变换因子，但在 CPⅢ平面控制网中，各测站之间并没有尺度上的差异，因此导致过度参数化，降低了解算精度。

为了验证该推测，采用附加限定条件的线性二维直角坐标变换模型法进行试验。下面通过 20 套模拟观测数据对方向-距离模型法与附加限定条件的线性二维直角坐标变换模型法的解算结果进行比较，其中在前 10 套数据中，方向观测值 L 的中误差为±1″，水平距离观测值 S（单位为米）的中误差为 $\pm\left(1+1\times\frac{S}{1000}\right)$mm，每测站观测 3 个测回；在后 10 套数据中，方向观测值 L 的中误差为±10″，水平距离观测值 S（单位为米）的中误差为 $\pm\left(15+5\times\frac{S}{1000}\right)$mm，每测站观测 3 个测回。由于篇幅限制，误差曲线图只给出第 1 套数据和第 11 套数据的解算结果，如图 3.4～图 3.7 所示（注：由于两条曲线靠得很近，因此对其纵坐标取对数后再绘图），其余解算结果如表 3.3 和表 3.4 所示。

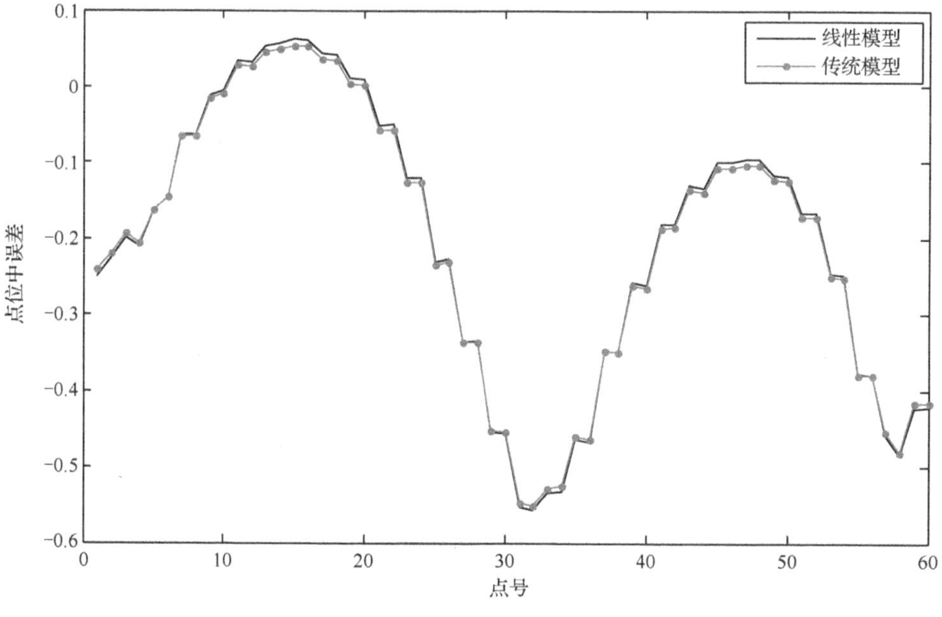

图 3.4　小误差条件下两种方法点位中误差曲线图

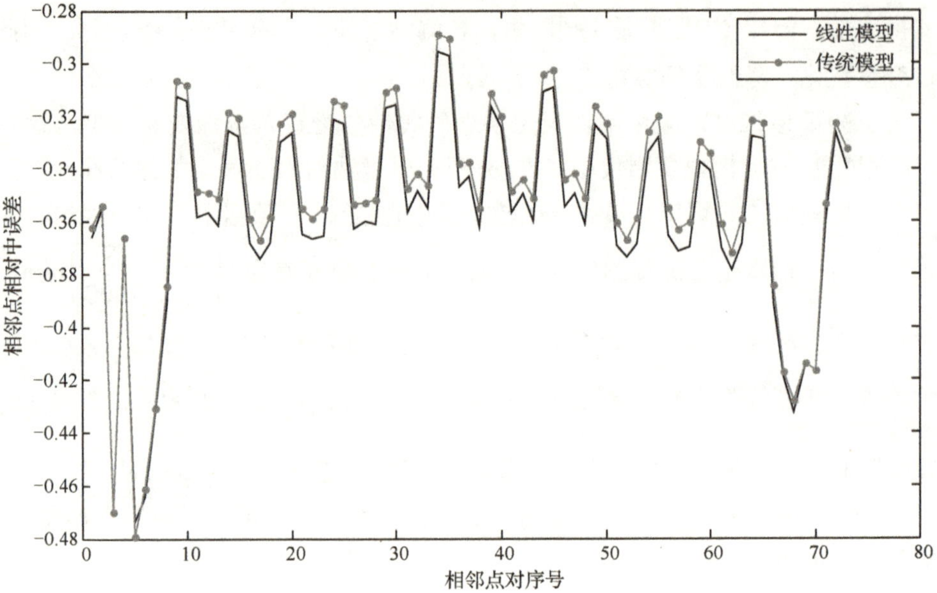

图 3.5　小误差条件下两种方法相邻点位中误差曲线图

表 3.3　小误差情况下两种方法解算结果比较（单位：mm）

序号	点位中误差最大差异	平均点位中误差差异	相邻点位中误差最大差异	相邻点位中误差平均值差异	点位偏差最大差异	平均点位偏差差异
1	0.0085	2.2400E-03	0.0073	0.0047	0.0320	0.0100
2	0.0007	3.0064E-05	0.0018	0.0009	0.0058	0.0006
3	0.0046	8.0366E-04	0.0053	0.0034	0.0166	0.0026
4	0.0018	2.0208E-05	0.0017	0.0003	0.0069	0.0021
5	0.0014	2.2180E-04	0.0017	0.0005	0.0064	0.0013
6	0.0048	1.4853E-04	0.0045	0.0024	0.0168	0.0013
7	0.0067	5.3985E-04	0.0076	0.0046	0.0262	0.0013
8	0.0041	4.3845E-04	0.0033	0.0018	0.0078	0.0006
9	0.0114	2.0126E-03	0.0122	0.0078	0.0475	0.0087
10	0.0008	2.4765E-04	0.0012	0.0002	0.0049	0.0001

注：由于仿真数据中各 CPⅢ点真实点位已知，故表 3.3 和表 3.4 中给出了各点位估计值和真值的差异比较。

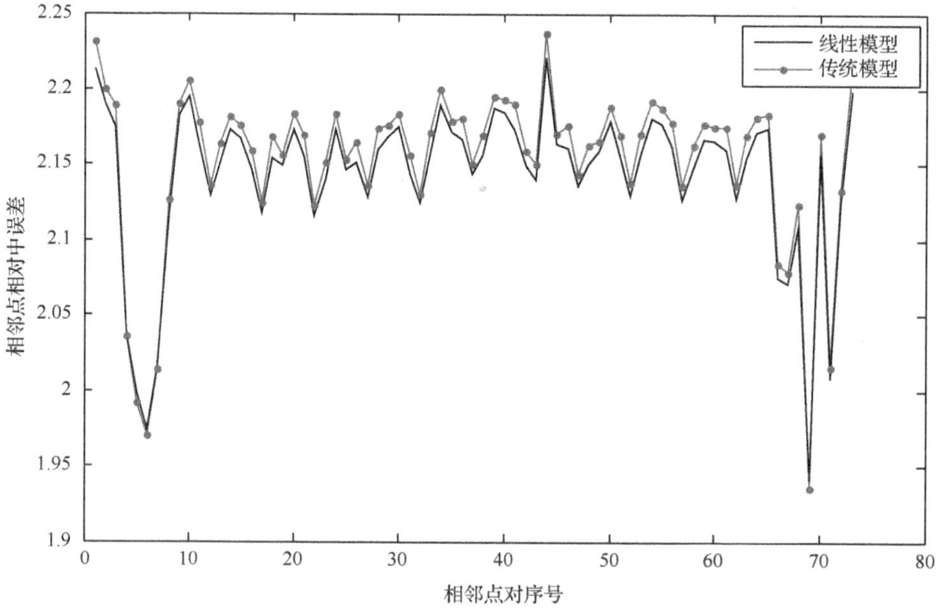

图 3.6　有粗差情况下两种方法相邻点位中误差曲线图

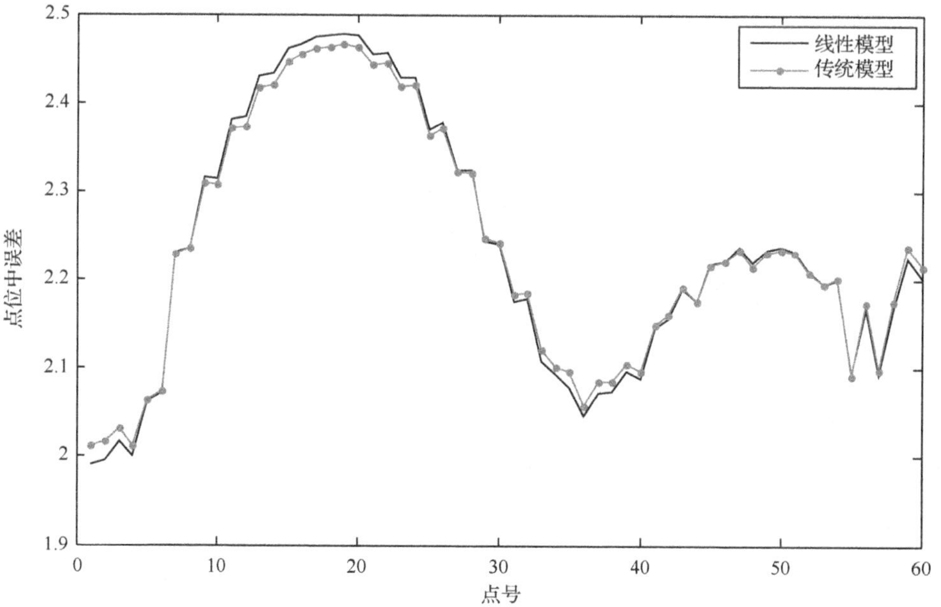

图 3.7　有粗差情况下两种方法点位中误差曲线图

表 3.4　有粗差情况下两种方法解算结果比较（单位：mm）

序号	点位中误差最大差异	平均点位中误差差异	相邻点位中误差最大差异	相邻点位中误差平均值差异	点位偏差最大差异	平均点位偏差差异
1	0.1674	0.0069	0.1666	0.0864	0.6238	0.1294
2	0.0225	0.0057	0.0308	0.0152	0.1522	0.0117
3	0.1125	0.0332	0.1181	0.0440	0.4124	0.0161
4	0.0710	0.0202	0.0795	0.0413	0.3855	0.1071
5	0.0533	0.0015	0.0408	0.0168	0.2309	0.0257
6	0.2601	0.0018	0.2399	0.0594	0.6800	0.1550
7	0.1780	0.0037	0.1399	0.0243	0.6983	0.0504
8	0.2495	0.0537	0.2159	0.0726	0.7266	0.0809
9	0.0731	0.0197	0.0803	0.0273	0.2075	0.0268
10	0.0646	0.0013	0.0673	0.0314	0.2318	0.0012

综上可知，不管在小误差观测值条件下还是在较大粗差观测值条件下，采用两种方法对 CPⅢ平面控制网数据处理的结果都非常接近，这说明附加限定条件的线性二维直角坐标变换模型法是可靠的，且精度达到了方向-距离模型法同样的水平。

3.4.3　二维直角坐标变换法模拟数据验证

为了验证二维直角坐标变换模型解算 CPⅢ平面控制网的可靠性和精度，分别利用程序模拟数据和实测数据进行验证。在模拟数据中，CPⅢ点点位、测站位置及每测站起始边方位由系统随机生成。模拟方向观测值 L 和模拟水平距离观测值 S 的误差依照仪器标称精度按正态分布随机生成，其中距离观测值 S（单位为米）的精度为 $\pm\left(1+1\times\dfrac{S}{1000}\right)$ mm，方向观测值精度为±1.5″，测量三个测回。下面采用 5 个方案进行验证，前 4 个方案采用模拟数据进行验证，由于篇幅的限制，只给出方案 4 的残差图，第 5 个方案为实测数据解算结果。

方案 1：采用模拟数据进行解算，图 3.8 为方位和距离观测值在正常情况下的解算结果。

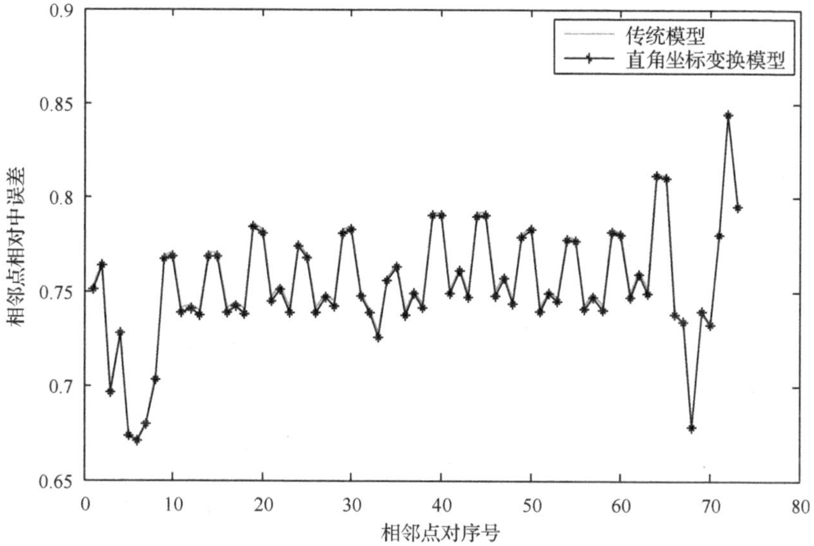

图 3.8　无粗差情况下模拟数据解算结果

方案 2：采用模拟数据进行解算，图 3.9 为某边长观测值存在 20m 粗差情况下的解算结果。

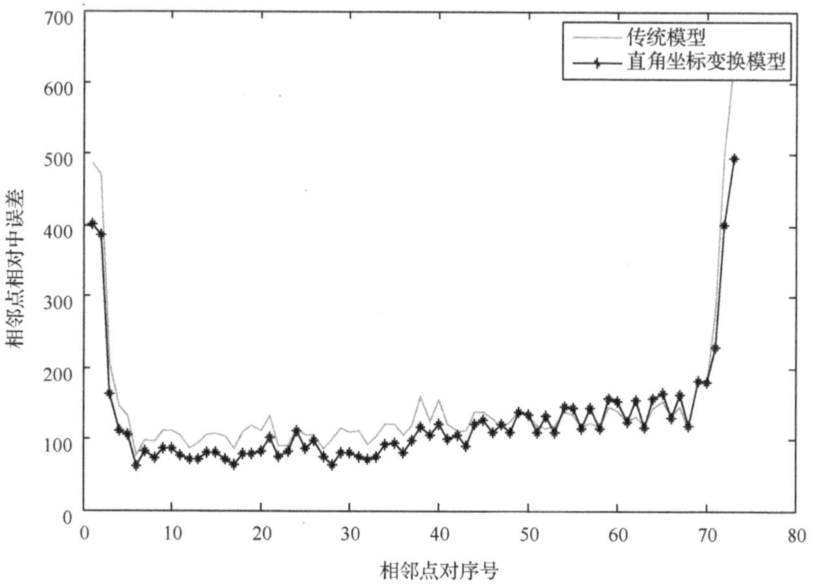

图 3.9　某边长存在 20m 粗差情况下模拟数据解算结果

方案 3：采用模拟数据进行解算，图 3.10 为某方向观测值存在 20 度粗差情况下的解算结果。

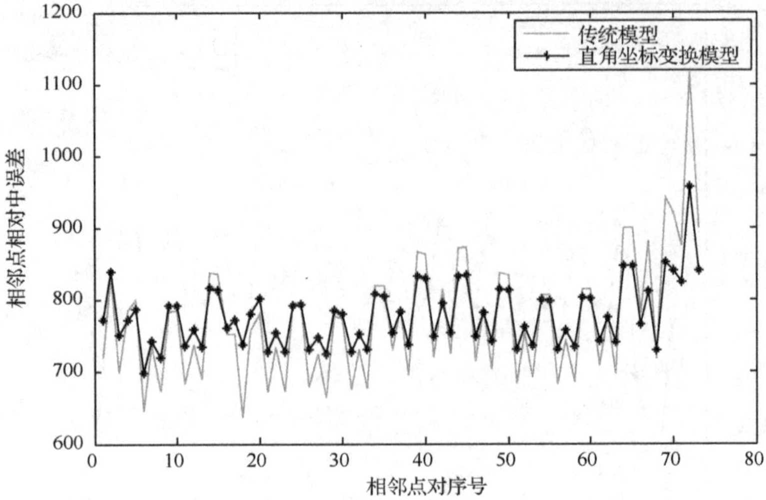

图 3.10　某方向观测值存在 20 度粗差情况下的解算结果

方案 4：采用模拟数据进行解算，图 3.11 为某边方向存在 20 度粗差和距离存在 10 米粗差情况下的解算结果；图 3.12 和图 3.13 分别为传统解算模型和二维直角坐标变换模型解算的残差图。

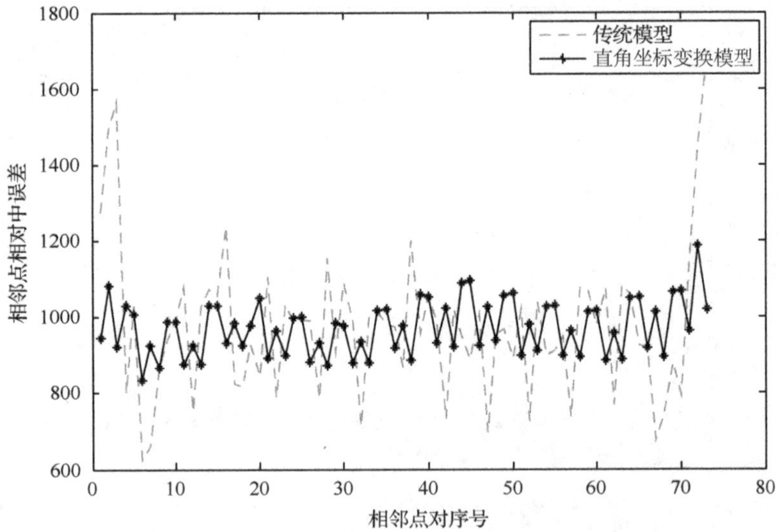

图 3.11　某边方向存在 20 度粗差、距离存在 10 米粗差情况下的解算结果

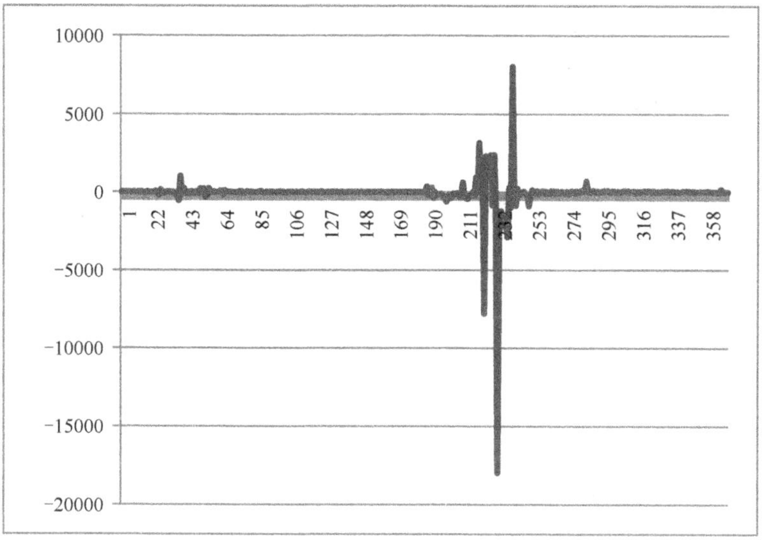

图 3.12　传统解算模型残差图

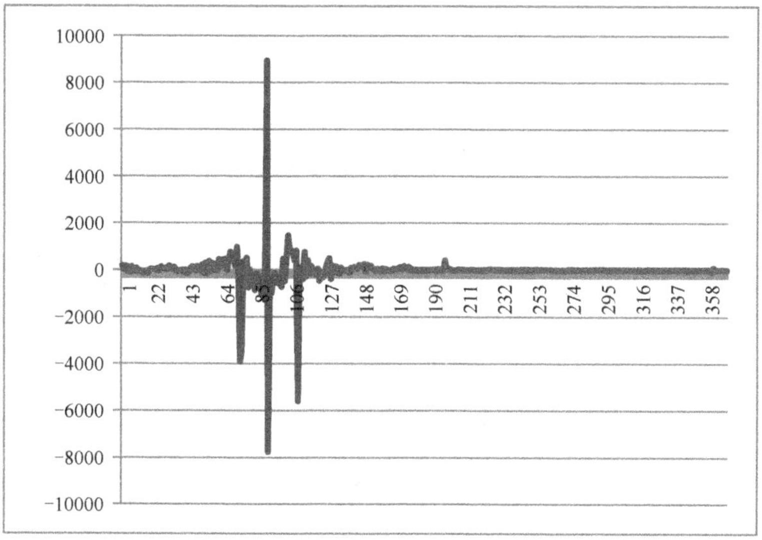

图 3.13　二维直角坐标变换模型解算残差图

方案 5：取某段高速铁路 CPⅢ平面控制网部分实测数据进行解算，该段线路长 1200m，3 个 CPⅡ点，40 个 CPⅢ点。利用传统方法和二维直角坐标变换模型解算方法分别进行解算，图 3.14 为解算的结果。

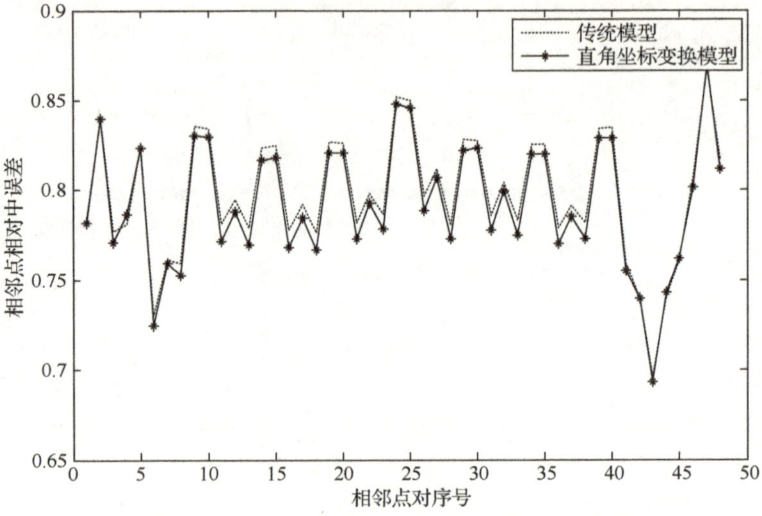

图 3.14 某段高速铁路 CPⅢ部分实测数据计算结果

综上可知，在不同观测值精度条件下，利用传统的方向-距离模型法和二维直角坐标变换模型法对模拟数据解算的精度水平是一致的，由此可知二维直角坐标变换模型法是可行的。

3.5 本章小结

本章介绍了三种 CPⅢ平面控制网数据处理方法，即传统的方向-距离模型法、线性二维直角坐标变换模型法及传统的二维直角坐标变换模型法，这三种方法各有优缺点。采用第一种方法和第三种方法解算 CPⅢ平面控制网，如果待求参数近似值精度较低，平差结果有可能会收敛到非最优的点位甚至出现发散的情况。第二种方法不需要计算待求参数近似值，但该方法包含了空间尺度因子，导致出现参数过度化的问题，因此需要附加限定条件，增加了数据处理的复杂度。除此之外，第一种方法采用赫尔墨特方差分量估计定权，需迭代计算；后两种采用最小范数二次无偏估计定权，不涉及迭代计算问题。

从观测值构成来分析，后两种方法不是严格的独立观测值，且测量噪声要大于第一种方法，但从仿真实验结果来看，这三种解算方法的解算精度差异非常小，可以忽略不计。在后续的研究中，还需要对第三种方法的限定条件做进一步简化，同时利用大量实测数据对三种方法进行研究。

第 4 章　CPⅢ精密水准网数据处理

在高速铁路建设中，高程控制网分为两级布设。第一级为线路水准基点控制网，是铁路工程勘测设计、施工和运营维护的高程基准；第二级为 CPⅢ高程控制网，是轨道施工和维护的高程基准。线路水准基点是 CPⅢ高程控制网的基准，隧道里面相邻两点间距为 1km，其余段落间距为 2km。

建立高程控制网可采用精密水准测量、精密三角高程测量两种模式。前者精度高，但效率低；后者效率高，但由于受大气折光和地球曲率等的影响，精度较低。在目前高速铁路建设中，精密水准测量依然是建立 CPⅢ高程控制网的主要手段。

4.1　CPⅢ精密水准网平差方法

如图 4.1 所示，在某测站利用矩形法进行观测，图中空心圆圈为 CPⅢ点，实心圆圈为仪器位置，带箭头实线为本测站观测高差，虚线为上一测站观测高差。

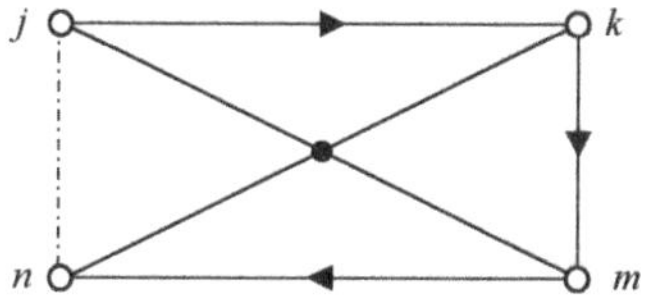

图 4.1　矩形法测站观测示意图

设 j、k 两点间高差观测值为 h_{jk}，高差观测误差为 Δ_{jk}，两点高程值分别为 X_j、X_k，则

$$h_{jk} + \Delta_{jk} = X_k - X_j \tag{4.1}$$

当 j、k 两点都为未知点时，误差方程为

$$v_{jk} = x_k - x_j - h_{jk} \tag{4.2}$$

式中，v_{jk} 为高差观测值 h_{jk} 的修正数，x_j、x_k 分别为 j、k 两点最或然高程值。

当 j 点为未知点，而 k 点为已知点且其高程为 H_k 时，误差方程为

$$v_{jk} = -x_j - (h_{jk} - H_k) \tag{4.3}$$

当 k 点为未知点，j 点为已知点且其高程为 H_j 时，误差方程为

$$v_{jk} = x_k - (h_{jk} + H_j) \tag{4.4}$$

设整个控制网观测值个数为 m，待求点个数为 t，各测站所有精密水准观测值误差方程合并，写成矩阵形式为

$$\boldsymbol{V}=\boldsymbol{BX}-\boldsymbol{l} \tag{4.5}$$

式中，

$$\boldsymbol{V}=\begin{bmatrix} v_1 \\ v_2 \\ \vdots \\ v_{m-1} \\ v_m \end{bmatrix},\quad \boldsymbol{B}=\begin{bmatrix} 0 & 1 & \cdots & -1 & 0 \\ 1 & 0 & \cdots & 0 & -1 \\ \vdots & \vdots & \ddots & \vdots & \vdots \\ 0 & 0 & \cdots & 1 & -1 \\ 0 & \cdots & 1 & 0 & -1 \end{bmatrix},\quad \boldsymbol{X}=\begin{bmatrix} x_1 \\ x_2 \\ \vdots \\ x_t \end{bmatrix},\quad \boldsymbol{l}=\begin{bmatrix} l_1 \\ l_2 \\ \vdots \\ l_{m-1} \\ l_m \end{bmatrix}。$$

$\boldsymbol{B}$ 矩阵的每行有两个非 0 元素，其中一个为 1，另一个为−1，其余各元素皆为 0。设第 i 观测值对应的线路长为 s_i（i=1,2,⋯,m），则观测值的权矩阵为

$$\boldsymbol{P}=\begin{bmatrix} \frac{1}{s_1} & 0 & \cdots & 0 & 0 \\ 0 & \frac{1}{s_2} & \cdots & 0 & 0 \\ \vdots & \vdots & \ddots & \vdots & \vdots \\ 0 & 0 & \cdots & \frac{1}{s_{m-1}} & 0 \\ 0 & 0 & \cdots & 0 & \frac{1}{s_m} \end{bmatrix}$$

利用最小二乘法即可解算出待求参数 $\boldsymbol{X}=(\boldsymbol{B}^{\mathrm{T}}\boldsymbol{PB})^{-1}\boldsymbol{B}^{\mathrm{T}}\boldsymbol{Pl}$。

4.2 CPⅢ精密水准网平差实例

某线路长 7km，CPⅢ点点号分布为 948315～955328，共 401 个观测值，5 个约束点。列误差方程进行计算得如图 4.2～图 4.5 所示曲线图。其中图 4.2 为残差曲线，残差在（−0.15～0.15）mm 之间分布；图 4.3 为相邻点间高差中误差曲线，由图知其最大不超过±0.22mm；图 4.4 为 CPⅢ点高程中误差曲线，最弱点高程中误差小于±0.3mm；图 4.5 为观测值中误差曲线，由图知各观测值中误差最大不超过±0.11mm。

由平差结果知，CPⅢ精密水准网可以达到很高的精度。在平差阶段，粗差观测值出现的概率也非常小。

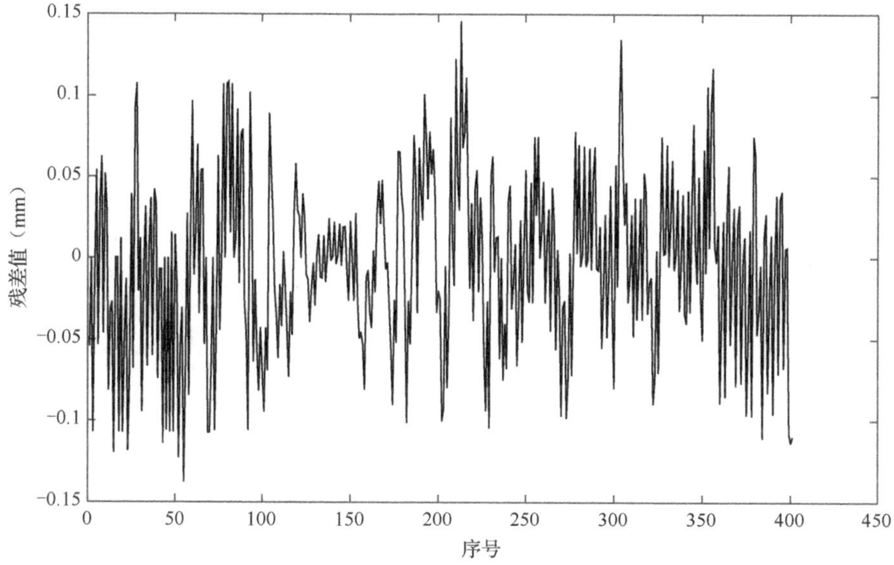

图 4.2　残差曲线

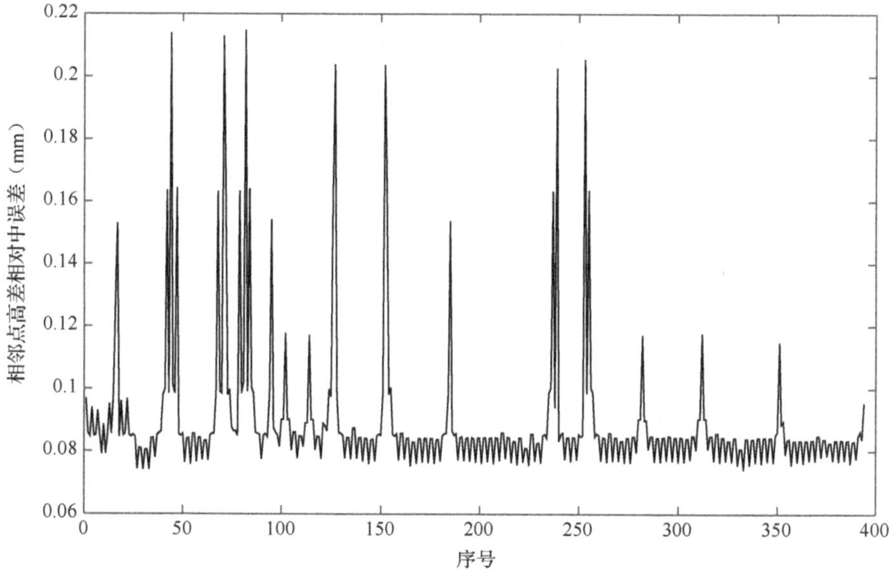

图 4.3　相邻点间高差中误差曲线

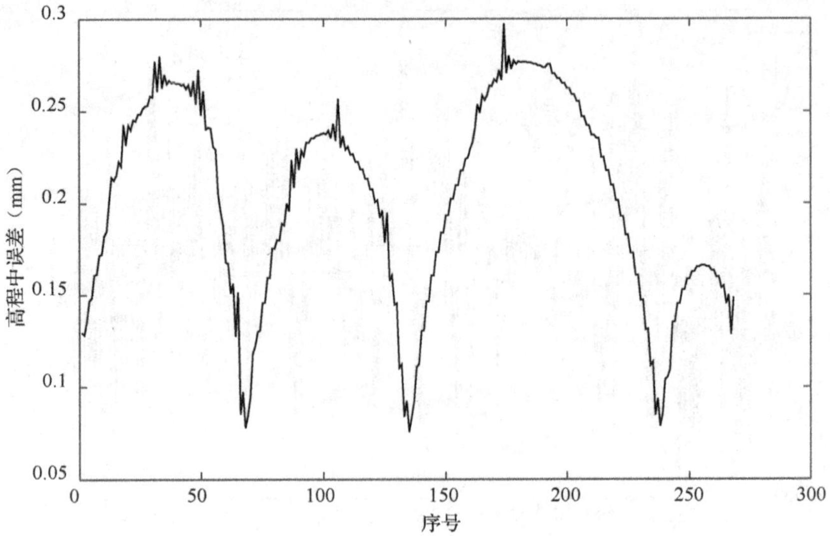

图 4.4　高程中误差曲线

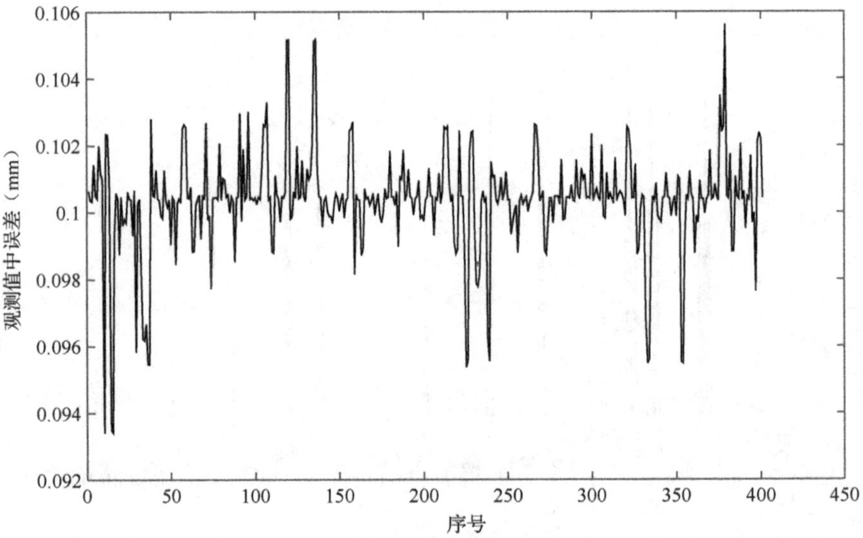

图 4.5　观测值中误差曲线

4.3　本章小结

CPⅢ精密水准网和普通的铁路水准网平差处理过程没有太大的差异，但是前者无论点位密度还是点位精度都远高于后者。

CPⅢ精密水准网采用电子水准仪进行数据采集，虽然较传统的光学水准仪测量精度和自动化程度都有了大幅提高，但是由于 CPⅢ控制点数量很多，所以 CPⅢ精密水准网外业数据采集工作量非常大。在运营阶段，繁忙的运输线留给测量人员进行外业数据采集的时间并不多，因此如何提高 CPⅢ控制网外业数据采集的速度和效率，是当前亟待解决的难题之一。

第 5 章　CPⅢ精密三角高程控制网数据处理

在一百多年以前，三角高程测量是高差测量的主要手段。随着水准测量方法的出现，三角高程测量由于精度低逐渐被取而代之，但是在山区和丘陵地区三角高程测量仍在广泛应用[27]。20 世纪 70 年代，全站仪的出现给三角高程测量技术的发展与应用带来新的转机，众多学者开始研究精密三角高程测量方法[28-34]。

如图 5.1 所示，在 A 点安置全站仪对 B 点处棱镜进行精密三角高程测量，仪器中心为 I 点，棱镜中心为 M 点，通过水平距离 S、竖直角 α 、仪器高 i 及目标高 v 获取测站点 A 与待测目标点 B 之间的高差 $h_{AB}=i+S\cdot\tan\alpha-v$ 。相对于水准测量，精密三角高程测量具有推进速度快的优点，尤其在一些危险区域，更是有着水准测量无可替代的优势。然而精密三角高程测量也有着很大的先天缺陷，大气折光和地球曲率等系统误差一直是影响其精度进一步提高的关键因素[35-38]。

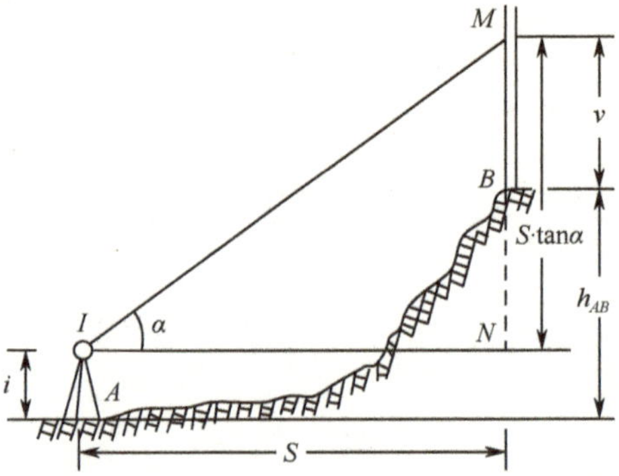

图 5.1　精密三角高程测量原理示意图

大气折光随着大气温度、湿度等的变化而变化，因此采用一个固定的球气差参数值对所有的三角高程观测值进行修正显然是不严密的[39]。张正禄等研究了利用精密三角高程构网，尝试代替一等水准，并获得了成功[40]。白少云等根据三角高程控制网中观测值的残差，对观测值进行了二次修正，取得了一定的效果，实践证明，这种方式精度可以达到二等水准的精度等级[41]。达乾龙等将天顶距视为真值，将斜距作为观测值开列斜距的误差方程；然后再将斜距视为真值，将天顶距作为观测值开列天顶距的误差方程；最后将所有误差方程合并进行联合平差，也取得了良好的效果[42]。徐亚明等在跨海高程传递中，利用精密三角高程同时对向观测模式使测量精度达到了二等水准测量的水平[43-44]。赖鸿斌等用实验证明了利用特殊的装置采用中间法对向观测，在山区高程测量中，精密三角高程也可以达到二等水准的等级[45]。王铜等在大亚湾中微子实验高程测量中，采用同时对向观测模式，使得精密三角高程测量达到了二等水准水平[46]。韩昀等在山区铁路勘测中通过往返测消除大气折光和地球曲率的影响，运用精密三角高程代替二等水准测量也取得了成功[47]。刘冠兰等在高原地区利用同时对向观测法精密三角高程测量，精度也达到了二等水准的要求[48-49]。邹进贵等采用多棱镜对向观测减弱大气折光和地球曲率影响，并基于智能全站仪设计了机载精密三角高程测量系统，通过实际工程检验，运用该机载精密三角高程测量系统进行高程测量可以达到国家二等水准测量的精度要求[49-53]。赵毅坚利用精密三角高程测量开展高铁沉降观测研究，取得了良好的效果[54]。李志伟等在港珠澳大桥的施工测量中，利用精密水准和精密三角高程反演球气差系数，再对精密三角高程观测值进行球气差修正，也取得了比较好的效果[55-56]。刘成龙等提出了不量仪器高和觇标高的同时对向观测三角高程测量方法，精度也能够达到二等水准的要求[57]。郝旦等将精密三角高程技术应用于代替 3.5km 以内跨河水准测量，采用高精度全站仪同步对向观测抵消大气折光和地球曲率影响，并采用强制对中杆避免量高误差，实践证明精密三角高程测量可以达到二等跨河水准测量的精度[58]。

CPⅢ高程控制网要求相邻点的高差中误差不大于±0.5mm，应达到二等水准测量精度等级的要求。虽然利用精密三角高程测量代替精密水准测量的研究取得了很大的进步，但是由于 CPⅢ控制网的特殊性，无法采用同时对向观测法来消除大气折光和地球曲率的影响。实验研究表明：中间差分法并不一定能完全消除大气折光的影响，只有在前后视地形、地表性质等观测条件相同的情况下，前后视大气折光系数基本相同，进而消除其影响[59-60]。CPⅢ控制测量时，线下工程已经完成，施测场地基本能满足上述要求，因此众多学者围绕中间差分法展开相关研究。

刘成龙等基于中间差分法研究了高速铁路 CPⅢ三角高程网构网与平差计算方法，而且作为一项自主创新技术，已被高速铁路工程测量规范采用[61]。付建斌等分别研究了非差法精密三角高程和中间差分法精密三角高程建立高速铁路 CPⅢ三角高程控制网的方法，证明非差法误差较大，而中间差分法大部分平差成果都能够满足规范的要求[62]。方杨通过大量的实验数据证明，利用精密三角高程建立 CPⅢ高程控制网，平差结果只有少量不符合规范要求[63]。曲田等在地铁 CPⅢ精密三角高程控制网测量中，选取了近似等距差分观测值进行求差，避免了传统差分法中由于两观测目标距离差异过大导致的差分效果下降[64-65]。任利敏等在 CPⅢ精密三角高程控制网单侧引入精密水准观测值，以此为参照对每测站天顶距观测值进行系统误差修正，也取得了较好的效果[66]。

在 CPⅢ精密三角高程观测值中，系统误差除了大气折光和地球曲率的影响，还有垂线偏差的影响。利用同时对向观测法，如果沿着视线方向垂线偏差变化很小，也能很好地消除垂线偏差的影响[67-70]。目前在 CPⅢ精密三角高程控制网数据处理中，对垂线偏差的影响往往采取忽略不计的方式。张赤军对三角高程测量中垂线偏差问题进行了研究，通过某山区的实测数据指出：两点间垂线偏差的变化可达 10″/1.1km，在 1.39km 范围内，两点间垂线偏差线性内插值和实测值之间的偏差可达 2″[71]，显然在某些区域垂线偏差变化是比较明显的。

传统的垂线偏差获取方法主要有两种：一是天文大地测量方法，即通过数字天顶相机或天文经纬仪观测恒星来确定垂线偏差。此方法精度虽然极高，但是操作烦琐、效率低下。二是重力异常计算方法，该方法是利用卫星重力仪或标量航空重力仪测定区域内的重力异常数据，再通过 Vening-Meinesz 积分公式计算垂线偏差。该方法的缺点在于所需的高质量重力异常数据较多，数据利用率不高，所获取的垂线偏差精度和分辨率也较为有限[72]。除此之外，还可以利用 EGM2008 地球重力场模型计算垂线偏差[73-74]，但文献[75]指出利用该方法计算的垂线偏差精度较低，且在西部地区的精度比东部地区明显要差。文献[76]在地面常规网与 GNSS 基线网联合平差中采用附加待求参数的方法削弱垂线偏差的影响，取得了良好的效果。

尽管 CPⅢ控制测量对测量环境、仪器、数据采集及处理方法的要求非常严格，但大气折光、地球曲率、测角误差等依然对三角高程测量精度产生较大的影响，因此，在高速铁路建设中精密三角高程测量仅用于将桥下线路水准基点的高程传递至桥面 CPⅢ点[77-79]。而文献[80]在 2017 年仍然在研究 CPⅢ精密水准网问题，显然在目前还难以完全利用精密三角高程代替精密水准构建 CPⅢ高程控制网。

利用精密三角高程观测值代替精密水准建立 CPⅢ高程控制网的研究取得了一定的成果，目前其精度还难以满足实际应用的需求，主要存在如下几方面的问题。

（1）利用差分法消除大气折光和地球曲率的影响导致观测值间出现相关性。在同一测站两原始精密三角高程观测值之间进行求差，一方面可以削弱大气折光和地球曲率的影响；另一方面也会导致求差所得高差观测值之间产生相关性。这种相关性给 CPⅢ精密三角高程控制网带来多大的影响，目前还未有文献进行过详细的讨论。

（2）严密定权问题依然未解决。在高精度数据处理中，当涉及多种类型观测值时，需要进行严密定权[25]。在 CPⅢ精密三角高程数据处理中，原始观测值涉及两种类型，即高度角和斜距，目前研究中仍然采用仪器标称精度定权[61]。

（3）未顾及垂线偏差的影响。在常规精密三角高程测量中，对于垂线偏差的影响，主要采用往返测及控制距离来降低其影响。在 CPⅢ精密三角高程控制网数据处理中，目前还未有相关文献对垂线偏差的影响进行讨论。

（4）偶然误差对 CPⅢ精密三角高程控制网精度的影响。在仅有偶然误差的作用下，CPⅢ精密三角高程控制网的精度能达到什么水平，这是进一步提升 CPⅢ精密三角高程控制网精度的关键。观测值中是否还有系统误差存在？是进一步削弱残余系统性误差还是降低偶然误差的影响？这需要借助仿真数据来实验分析，以获得明确的答案。

5.1　CPⅢ精密三角高程控制网精度影响因素

CPⅢ高程控制网精度要求非常高，利用精密三角高程观测值构建 CPⅢ高程控制网，需要最严密的精密三角高程测量模型。本节首先介绍精密三角高程测量模型，然后讨论 CPⅢ高程控制网精度影响因素。

5.1.1　精密三角高程测量模型[81]

为了简化推导过程，首先假定测区内椭球面和大地水准面相互平行，也即各点处垂线和椭球法线重合，然后在此基础上推导精密三角高程测量模型，最后再进行垂线偏差修正，获得两点间的正常高高差。

1．两点间大地高高差

如图 5.2 所示，曲面 A_0B_0C 为椭球面的一部分，过 A 点的椭球法线为 AN，交椭球轴线于 N 点，交椭球面于 A_0 点；过 B 点的椭球法线为 BM，交椭球轴线于 M 点，交椭球面于 B_0 点，且 AN 和 BN 的夹角为 ε。过 B 作 AN 的垂线，垂足为 A_1。

在 A 点对 B 点进行三角高程测量，斜距观测值为 S_{AB}，水平距离为 D_{AB}，大地天顶距为 Z_A（暂时不考虑大气折光影响），B 点的大地纬度为 φ_B。则可得

$$R_A + H_A + S_{AB}\cos(Z_A) = \overline{BN} \times \cos(\varepsilon) \tag{5.1}$$

又

$$\overline{BN} = R_B + H_B - \overline{MN} \times \cos(90 - \varphi_B) \tag{5.2}$$

将式（5.2）代入式（5.1）可得

$$R_A + H_A + S_{AB}\cos(Z_A) = [R_B + H_B - \overline{MN} \times \cos(90 - \phi_B)] \times \cos(\varepsilon) \tag{5.3}$$

式中，H_A 为 A 点处仪器中心大地高度，H_B 为 B 点处棱镜中心大地高度，R_A 为 A 点处椭球卯酉曲率半径，R_B 为 B 点处椭球卯酉曲率半径。

由于 ε 是微小量，式（5.3）可进一步化简为

$$R_A+H_A+S_{AB}\cos(Z_A)=R_B+H_B-(R_B+H_B)\times\frac{\varepsilon^2}{2}-\overline{MN}\times\sin(\varphi_B) \tag{5.4}$$

由于$H_A=H'_A+i_A$，$H_B=H'_B+v_B$，H'_A、H'_B分别为A、B两点处大地高度；i_A、v_B分别为仪器高、棱镜高。对式（5.4）进行整理得

$$\begin{aligned}&H'_B-H'_A=\\&S_{AB}\cos(Z_A)+i_A-v_B-(R_B-R_A)+(R_B+H_B)\times\frac{\varepsilon^2}{2}+\overline{MN}\times\sin(\varphi_B)\end{aligned} \tag{5.5}$$

由于$Z_A=Z'_A+\delta_A+u_A$，其中Z'_A为实测天顶距，u_A为A点处垂线偏差，δ_A为A点处大气折光，且$\delta_A=\dfrac{D_{AB}}{2R_0}$。则

$$S_{AB}\cos(Z_A)=S_{AB}\cos(Z'_A+\delta_A+u_A)=S_{AB}\cos(Z'_A)-D_{AB}u_A-\frac{k_AD_{AB}^2}{2R} \tag{5.6}$$

式中，R_0为视线（弧线）曲率半径，R为地球平均曲率半径，且$k_A=\dfrac{R}{R_0}$。

又

$$\varepsilon=\frac{D_{AB}}{R_A+H_A} \tag{5.7}$$

将式（5.6）、式（5.7）式代入式（5.5）可得

$$\begin{aligned}&H'_B-H'_A=\\&S_{AB}\cos(Z_A)+i_A-v_B-(R_B-R_A)+\frac{(1-k_A)D_{AB}^2}{2R}+\overline{MN}\times\sin(\varphi_B)-D_{AB}u_A\end{aligned} \tag{5.8}$$

式（5.8）即为三角高程测量所得A、B两点间的大地高高差[94-95]。

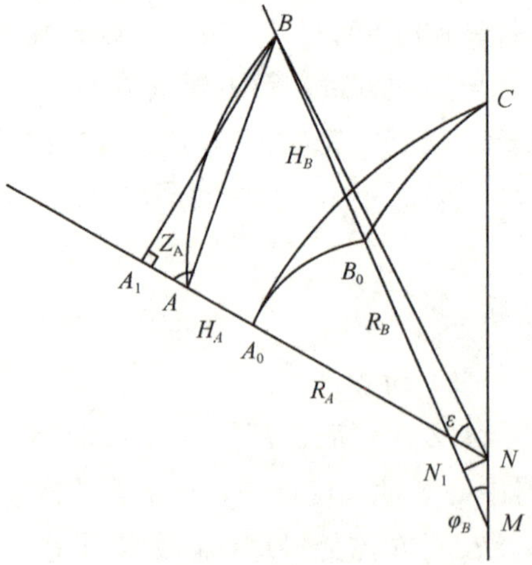

图 5.2　精密三角高程测量示意图

2. 两点间正常高高差的计算

如果大地水准面和椭球面平行，则大地高高差与正常高高差相等。但实际上各点处的大地水准面和椭球面并不平行，这就需要将大地高高差转换为正常高高差。

设在 A、B 两点的连线上，垂线偏差的变化呈线性形式，则任一点处垂线偏差为

$$u(x_i)=u_A+\frac{u_B-u_A}{D_{AB}}x_i$$

则 A、B 两点间大地高高差与正常高高差的差值为

$$\Delta_{AB}=\int_A^B u(x_i)\,\mathrm{d}x=\int_A^B\left(u_A+\frac{u_B-u_A}{D_{AB}}x_i\right)\mathrm{d}x=\frac{u_B+u_A}{2}D_{AB} \tag{5.9}$$

由式（5.8）可得

$$h_{AB}=H'_B-H'_A+\Delta_{AB}=$$

$$S_{AB}\cos(Z_A)+i_A-v_B-(R_B-R_A)+\overline{MN}\times\sin(\varphi_B)+\frac{(1-k_A)D_{AB}^2}{2R}+\frac{u_B-u_A}{2}D_{AB} \tag{5.10}$$

式（5.10）即为短距离条件下精密三角高程测量模型。由于在 CPⅢ控制网测量中无法进行同时对向观测，因此不再写出往返测平均高差计算公式。

5.1.2　CPⅢ精密三角高程控制网影响因子研究

CPⅢ精密三角高程控制网的精度受到三角高程观测值中系统误差和偶然误差的影响。如下分观测值系统误差、观测值偶然误差两大类进行分析。

5.1.2.1　观测值系统误差

系统误差具有累积性，对控制网解算结果影响较大，通常采用特定的外业观测方式、模型修正法、求差法、参数法等来消除或削弱其影响。在利用最小二乘法对待求参数进行最优估计时，通常认为系统误差影响相对于偶然误差影响可忽略不计。

由式（5.10）可知，精密三角高程观测值中系统误差包括椭球项修正、垂线偏差、大气折光和地球曲率误差等。下面分别讨论以上三项误差源对 CPⅢ精密三角高程控制网的影响。

1. 椭球项修正

设椭球项修正为 Δ_1，则

$$\Delta_1=-(R_B-R_A)+\overline{MN}\times\sin(\varphi_B) \tag{5.11}$$

由式（5.11）可知，Δ_1 的大小与测站点所处纬度、观测目标方位及观测距离有

关。取中国境内纬度最大值 53.5°，观测距离 200m，观测方位沿着子午线方向，可得 $\Delta_1 = 0.007\text{mm}$，这意味着，在中国境内，只要观测距离不超过 200m，则椭球项修正不超过 0.007mm，因此在 CPⅢ精密三角高程控制网数据处理中，这一项修正完全可忽略不计。

2. 大气折光及地球曲率的影响

设大气折光和地球曲率修正（合称为球气差）为 Δ_2，则

$$\Delta_2 = \frac{(1-k_A)D_{AB}^2}{2R} \tag{5.12}$$

式中，大气折光系数为 $k_A = 0.14 \pm 0.01$，地球椭球平均曲率半径为 $R = 6378137\ \text{m}$，则球气差的影响随着距离 D_{AB} 的变化规律曲线如图 5.3 所示。

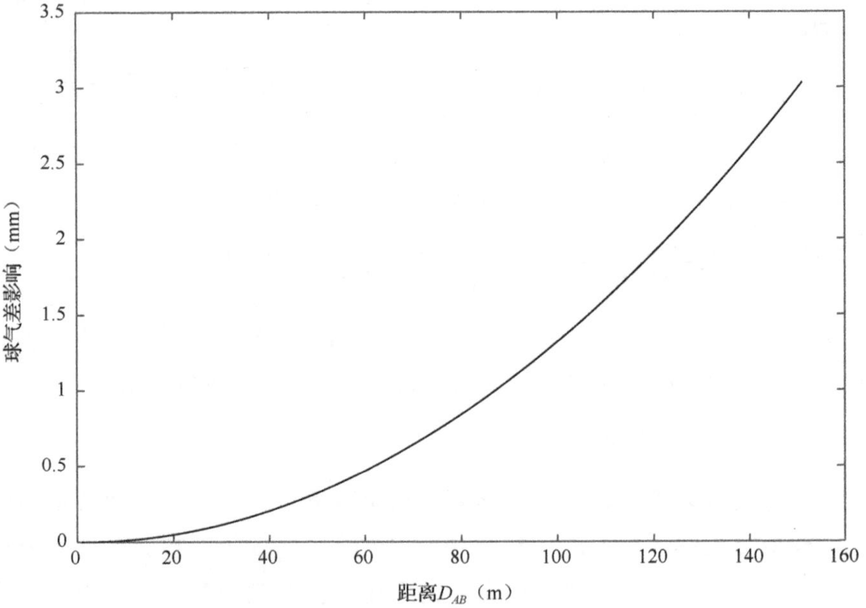

图 5.3　不同距离球气差对精密三角高程观测值影响曲线

由图 5.3 可以看出，大气折光和地球曲率对精密三角高程观测值的影响是非常显著的。文献[61]利用差分法来削弱球气差的影响，而文献[82]通过在观测方程中引进球气差参数来吸收球气差影响。

3. 垂线偏差影响

设垂线偏差影响量为 Δ_4，则 $\Delta_4 = \dfrac{u_B - u_A}{2} D_{AB}$（$D_{AB}$ 为水平距离），图 5.4 给出了水平距离分别为 50m、100m、150m 条件下测站至目标点间每千米垂线偏差变化

量引起的垂线偏差影响量。

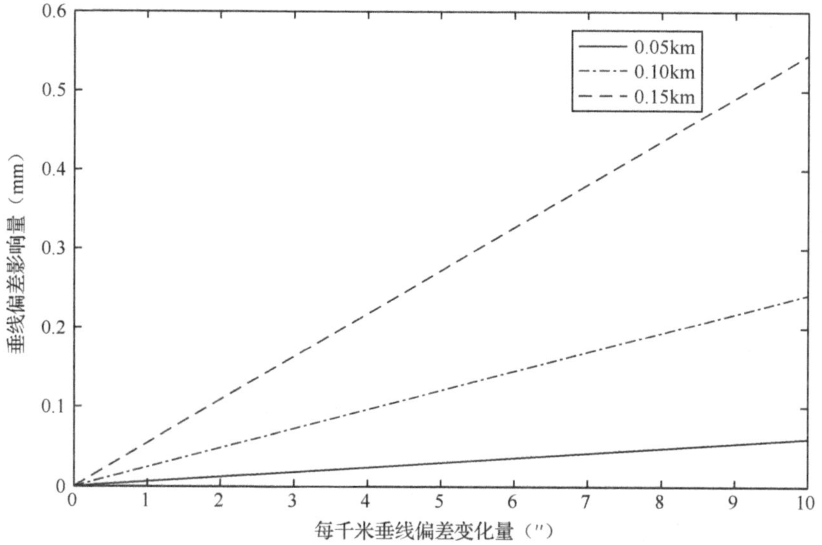

图 5.4　不同观测距离下垂线偏差变化对精密三角高程观测值影响曲线

由图 5.4 可知，当目标点距离等于 0.1km 时，如视线方向垂线偏差变化量每千米超过 10″时，垂线偏差变化的影响将会超过 0.2mm，这个偏差超过了棱镜的安装误差。当目标点距离达到 0.15km 时，如视线方向垂线偏差变化量每千米超过 3.5″时，垂线偏差的影响将会达到 0.2mm；如视线方向垂线偏差变化量每千米超过 10″时，垂线偏差的影响将会达到 0.55mm，这个偏差量对于 CPⅢ高程控制网的影响是非常严重的。

在平原地区目标点与测站之间垂线偏差变化很小，其对 CPⅢ精密三角高程控制网的影响通常可忽略不计；但在高山区域必须要考虑其影响。

5.1.2.2　观测值偶然误差影响

精密三角高程观测值中偶然误差包括测角误差和测距误差。偶然误差的影响可以通过提高单次测量精度来削弱，也可以通过增加观测测回数的方式来降低。但随着测回数的增加，控制网精度提高幅度逐渐变小，直至变化忽略不计。

文献[82]认为：由于 CPⅢ控制网场地平坦，实测目标天顶距 Z_A 的绝对值超过 87°，因此测距误差可忽略不计，由此可知，在 CPⅢ精密三角高程控制网中，偶然误差只来自竖直角观测值。

令 $h_{AB}=S_{AB}\cos(Z_A)$，则

$$dh_{AB} = \cos(Z_A) \times dS_{AB} - S_{AB}\sin(Z_A)\frac{dZ_A}{\rho} \approx -S_{AB}\frac{dZ_A}{\rho} \tag{5.13}$$

式中，$\rho = 206265$。

设 $dZ_A = 0.5''$，则随着观测距离的变化，测角误差对三角高程值的影响规律如图 5.5 所示。

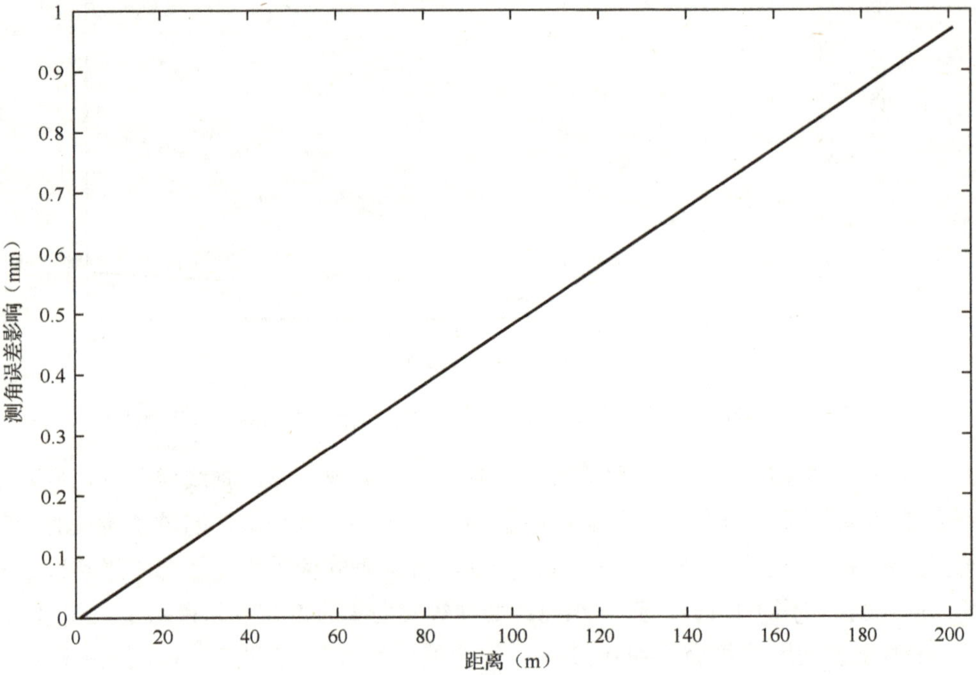

图 5.5　不同距离情况下测角误差对精密三角高程值的影响

由图 5.5 可知，测角误差对 CPⅢ精密三角高程观测值影响比较大，但仍小于球气差的影响。

5.1.3　CPⅢ精密三角高程控制网粗差探测

在 CPⅢ精密三角高程控制网观测值中，除了偶然误差和系统误差外，通常也会出现粗差。粗差不属于误差的范畴，但对平差结果影响非常大，因此在利用最小二乘法进行参数估计前，需要剔除含有粗差的观测值。本节主要介绍两种方法进行粗差探测，即闭合图形探测法和 Baarda 数据探测法。

5.1.3.1　闭合图形探测法[83]

如图 5.6 和图 5.7 所示，空心圆圈为 CPⅢ点，三角形为测站点。由于每个 CPⅢ

点都要至少在三个相邻测站各观测一次，因此可在公共边上构成若干闭合图形，通过闭合图形判断观测值中是否存在粗差。如图 5.6 所示，在横向点对 *m*、*n* 上可形成闭合图形 *mjnk*、*mjni*、*mink*，假设 *i* 测站对 *m* 点进行三角高程测量时出现粗差，若 *mjni*、*mink* 两多边形闭合差超限，而 *mjnk* 闭合差符合限差要求，则可判断 *im*、*in* 两观测值中至少有一个存在粗差。纵向点对也可以构成闭合图形，如图 5.7 所示，在 *m*、*q* 两点上也存在三个闭合图形，即 *miqj*、*jqkm*、*imqk*，可通过其闭合差判断是否存在粗差。

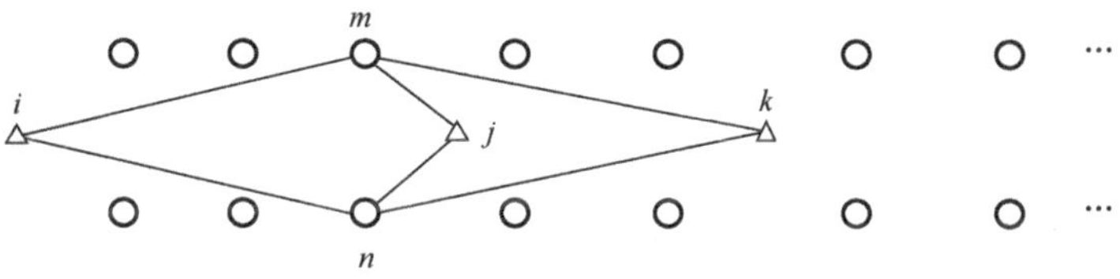

图 5.6　横向闭合差示意图

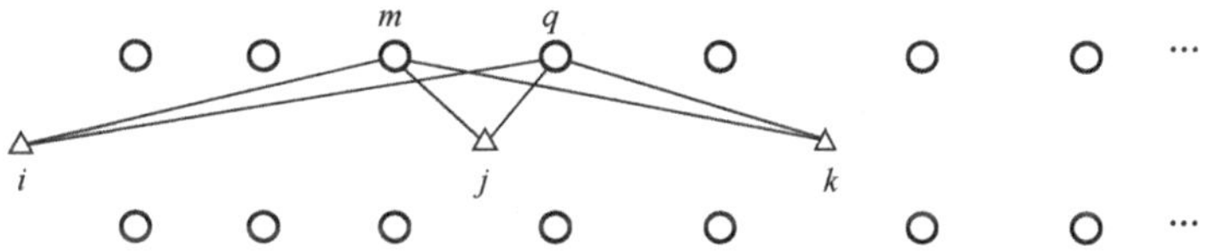

图 5.7　纵向闭合差示意图

通常每个精密三角高程观测值可经过一个横向和两个纵向闭合图形检验，如果都被判为存在粗差，则可确定该观测值包含有粗差。每个闭合图形的限差可通过先验精度进行判断，下面以 *imjn* 为例进行说明。

设在 *i* 测站对 *m* 点进行三角高程测量，斜距为 s_{ij}（单位为米），其标称精度为 $\pm\left(a+b\times\dfrac{s_{ij}}{1000}\right)$mm（$a$、$b$ 分别为固定误差和比例误差）；竖直角为 α_{ij}，其标称精度为 m''_β。则观测 r 测回，竖直角观测值的中误差 $m_\alpha=\dfrac{1}{\sqrt{r}}m_\beta$，斜距观测值的中误差 $m_{s_i}=\pm\dfrac{1}{\sqrt{r}}\cdot\left(a+b\times\dfrac{s_{ij}}{1000}\right)$mm，由此，*m* 点与 *i* 点高差的中误差为

$$m_{h_{im}}=\pm\sqrt{(\sin\alpha_{ij})^2\times m_{s_{ij}}^2+(s_{ij}\cos\alpha_{ij})^2\frac{m_{\alpha_{ij}}^2}{\rho}}\tag{5.14}$$

同理可得 $m_{h_{jm}}$、$m_{h_{jn}}$、$m_{h_{in}}$，则 *mjni* 的闭合差中误差为

$$m_{h_{mjni}}=\pm\sqrt{m_{h_{im}}^2+m_{h_{jm}}^2+m_{h_{jn}}^2+m_{h_{in}}^2}\tag{5.15}$$

由此，可取 $2m_{h_{mjni}}$ 作为四边形 $mjni$ 三角高程观测值闭合差的限差[100]。

5.1.3.2 Baarda 数据探测法

设误差方程的矩阵形式为

$$\boldsymbol{V}=\boldsymbol{BX}-\boldsymbol{l}$$

式中，$\boldsymbol{V}$ 为观测值残差矩阵，$\boldsymbol{B}$ 为系数矩阵，$\boldsymbol{X}$ 为待求参数矩阵，$\boldsymbol{l}$ 为常数项矩阵。设观测值权阵为 $\boldsymbol{P}$，则可得观测值残差值的协因数阵为

$$\boldsymbol{Q}_{VV}=\boldsymbol{Q}-\boldsymbol{BN}^{-1}\boldsymbol{B}^{\mathrm{T}} \tag{5.16}$$

令

$$\boldsymbol{R}=\boldsymbol{Q}_{VV}\boldsymbol{P} \tag{5.17}$$

对第 i 个观测值进行检验，设 $\sigma_{V_i}=r_i\dfrac{\sigma_0^2}{P_i}$，其中 r_i 为 $\boldsymbol{R}$ 矩阵第 i 个对角线上的值，σ_0^2 为单位权方差。给出原假设和被选假设

$$\mathrm{H}_0:E(V_i)=0$$

$$\mathrm{H}_1:E(V_i)\neq 0$$

统计量为

$$\omega_i=\frac{V_i}{\sigma_{V_i}} \tag{5.18}$$

由于 $\omega_i \sim N(0,1)$，给定显著水平 α，并由正态分布表得到检验的临界值为 z_α。如果 $\omega_i \leqslant z_\alpha$，则可认为观测值是正常观测值；反之，当 $\omega_i > z_\alpha$ 时，表明该观测值中包含有粗差，需要剔除掉[84]。

Baarda 数据探测法每次只能发现一个粗差值，通常选取残差最大观测值进行检验，如果是粗差，剔除后重新进行平差计算，再选取残差最大的值进行检验，如此反复，直到观测值中不存在粗差为止。

Baarda 数据探测法利用平差后的残差值来检验粗差，是一种整体检验法，比局部检验方式更严格。

5.2 考虑球气差影响的 CPⅢ精密三角高程控制网平差

精密三角高程测量受到大气折光与地球曲率的影响（简称球气差影响），其中大气折光随着气压、温度、湿度的变化而变化[47]，是三角高程测量中最为复杂的误差源。文献[43]提出了同时对向观测法来削弱精密三角高程观测值中大气折光和地球曲率的影响，在应用中取得了良好的效果，文献[49～52]也证明了这种方法在小

角度条件下，能够使精密三角高程测量满足国家二等水准的要求。然而 CPⅢ控制网点位密集，且观测棱镜采用强制对中装置，显然无法采用同时对向观测法进行数据采集。文献[61]通过对同测站相邻目标精密三角高程观测值进行求差来消除大气折光和地球曲率的影响，也取得了良好的效果，但差分法会导致观测值之间的相关性，并且由于相邻观测目标与测站大多不等距，因此，大气折光和地球曲率影响的残差依然存在。

由于在短时间内，大气折光主要表现为系统性误差，因此本节不采用求差法，而是在每测站引入一个球气差参数来吸收大气折光和地球曲率的影响。如下分别对差分法和参数法的原理进行讨论，并通过实测数据进行对比分析，找出各自的优缺点。

文献[61]提出，精密三角高程观测值由斜距和竖直角两类原始观测值所得，因此，CPⅢ精密三角高程网的合理定权问题是亟待解决的关键问题之一，因此本章还需要对 CPⅢ精密三角高程网的严密定权问题进行研究。

5.2.1　相邻点差分法

5.2.1.1　差分法 CPⅢ精密三角高程控制网函数模型

如图 5.8 所示，空心圆圈为 CPⅢ点，实心圆圈为测站点。

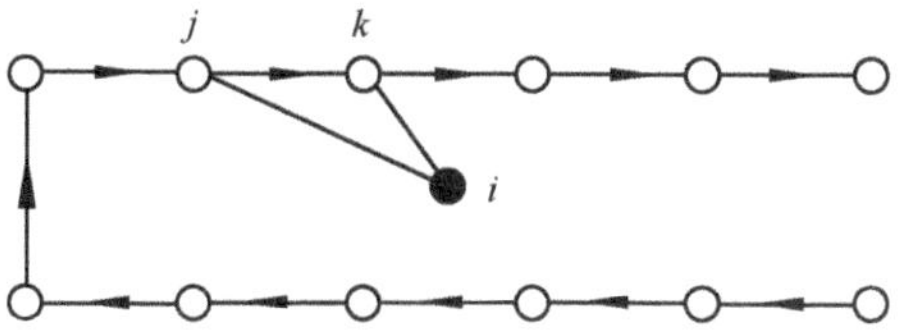

图 5.8　CPⅢ控制网一测站观测示意图

在测站点 i 对两相邻目标 j、k 进行观测，可得三角高程观测值 h_{ij}、h_{ik}，且

$$h_{ij} = s_{ij} \times \sin(\alpha_{ij}) + k_i \times d_{ij}^2 \tag{5.19}$$

$$h_{ik} = s_{ik} \times \sin(\alpha_{ik}) + k_i \times d_{ik}^2 \tag{5.20}$$

式中，s_{ij}、s_{ik} 为斜距，α_{ij}、α_{ik} 为竖直角，d_{ij}、d_{ik} 为平距，k_i 为 i 测站球气差系数。由于采用强制对中装置，目标高和仪器高都为 0。

由于目标 j、k 与测站点 i 的距离差较小，因此式（5.19）和式（5.20）两式间求差，可消去大部分球气差影响，即

$$h_{jk} = s_{ik} \times \sin(\alpha_{ik}) - s_{ij} \times \sin(\alpha_{ij}) \tag{5.21}$$

式中，h_{jk} 为 j、k 两点间高差观测值。

由于每个CPⅢ点至少在3个不同的测站各被观测1次，设第1次、第2次和第3次观测所得j、k两点间高差观测值分别为$h_{jk}(1)$、$h_{jk}(2)$、$h_{jk}(3)$。根据标称精度对每测站所得j、k两点间高差观测值定权，并取加权平均值得

$$h_{jk}=\frac{p_1\times h_{jk}(1)+p_2\times h_{jk}(2)+p_3\times h_{jk}(3)}{p_1+p_2+p_3} \tag{5.22}$$

式中，p_1、p_2、p_3分别为观测值$h_{jk}(1)$、$h_{jk}(2)$、$h_{jk}(3)$的权值。

设j、k两点的最优估计值为x_j、x_k，则

$$h_{jk}=x_j-x_k+\Delta_{jk} \tag{5.23}$$

式中，Δ_{jk}为观测值h_{jk}的真误差。

当j、k点都为未知点时其对应误差方程为

$$v_{jk}=x_j-x_k-h_{jk} \tag{5.24}$$

式中，v_{jk}为h_{jk}的修正数。

当k点为已知点且其高程为H_k，则其误差方程为

$$v_{jk}=-x_j-(h_{jk}-H_k) \tag{5.25}$$

当j点为已知点，且其高程为H_j，则其误差方程为

$$v_{jk}=x_k-(h_{jk}+H_j) \tag{5.26}$$

设i测站观测目标数为n，则可得高差观测值为n-1。同名观测高差观测值取加权平均值，并将所有差分观测方程合并，写出矩阵形式为

$$\boldsymbol{V}=\boldsymbol{BX}-\boldsymbol{l}$$

5.2.1.2　差分法CPⅢ精密三角高程控制网随机模型

如图5.8所示，在i测站对目标j进行三角高程测量，斜距为s_{ij}（单位为米），竖直角为α_{ij}，则可得观测值

$$h_{ij}=s_{ij}\times\sin(\alpha_{ij}) \tag{5.27}$$

对上式两侧求微分可得

$$\mathrm{d}h_{ij}=\sin(\alpha_{ij})\times\mathrm{d}s_{ij}+s_{ij}\cos(\alpha_{ij})\frac{\mathrm{d}\alpha_{ij}}{\rho} \tag{5.28}$$

式中，$\rho=206265$。

设全站仪观测竖直角标称精度为m''_α，距离标称精度为$\pm\left(a+b\times\frac{s_{ij}}{1000}\right)$mm（$a$、$b$分别为固定误差和比例误差），观测$r$测回，则竖直角观测值平均值中误差$m_\alpha=\pm\frac{1}{\sqrt{r}}m_\beta$，斜距观测值平均值中误差$m_{s_{ij}}=\pm\frac{1}{\sqrt{r}}\left(a+b\frac{s_{ij}}{1000}\right)$mm。

依误差传播定律可得

$$m_{h_{ij}} = \pm\sqrt{(\sin\alpha_{ij})^2 \times \mathrm{m}_{s_{ij}}{}^2 + (s_{ij}\cos\alpha_{ij})^2 \frac{m_{\alpha_{ij}}{}^2}{\rho}} \tag{5.29}$$

则可得观测值 h_{ij} 的权为

$$p_{ij} = \frac{m_{\alpha}{}^2}{m_{h_{ij}}{}^2} \tag{5.30}$$

5.2.2　对称差分法

由图 5.8 可知，大多数相邻点与测站点的距离并不相等，因此相邻点差分法并不能完全消除大气折光和地球曲率的影响。因此文献[62]提出在测站两侧对称的点对中获取差分观测值，如图 5.9 所示。

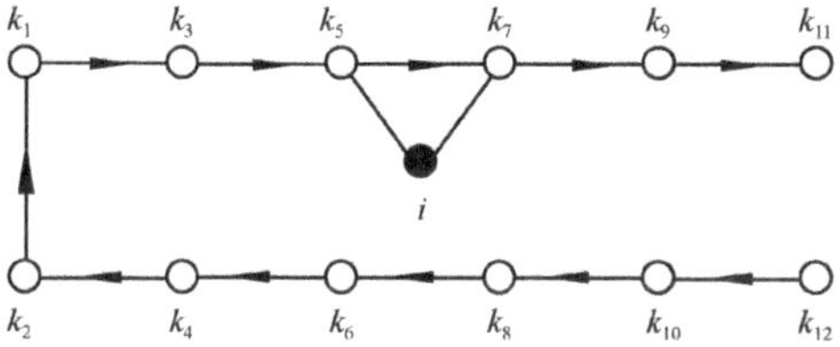

图 5.9　CPⅢ控制网一测站观测示意图

在线路左侧可选择对称点对 k_1-k_{11}、k_3-k_9、k_5-k_7，在线路右侧可选择点对 k_2-k_{12}、k_4-k_{10}、k_6-k_8，在线路左右可选择 k_1-k_2、k_3-k_4、k_5-k_6，除此之外，还需要选择两个非对称点对，即 k_7-k_9、k_9-k_{11}，总共 11 对独立的差分观测值。

对称差分观测值由于选择差分点与测站距离基本相等，因此能够更彻底地消除大气折光和地球曲率的影响，但对称差分法存在网形比较复杂的缺点，而且对称差分法并没有解决求差带来的差分观测值之间的相关性问题。

对称差分法随机模型和函数模型与相邻点差分法相似，在此不再赘述。

5.2.3　参数法

5.2.3.1　参数法 CPⅢ精密三角高程控制函数模型

如图 5.8 所示，设仪器中心最或然高程为 y_i，目标点 j 最或然高程为 x_j，在 i 测站观测时球气差系数为 k_i，则可得

$$h_{ij} = x_j - y_i + k_i \times d_{ij}^2 + \Delta_{ij} \tag{5.31}$$

式中，$h_{ij} = d_{ij} \times \tan(\alpha_{ij})$，$\Delta_{ij}$ 为观测值真误差。当目标点 j 为待求点时，可得误差方程为

$$v_{ij} = x_j - y_i + k_i \times d_{ij}{}^2 - h_{ij} \tag{5.32}$$

当目标点j为已知点，且高程为H_j，则得误差方程为

$$v_{ij} = -y_i + k_i \times d_{ij}{}^2 - (h_{ij} - H_j) \tag{5.33}$$

设有n个三角高程观测值，待求CPⅢ点数为t，测站点数为m，则可写出n个方程，写出其矩阵形式如下

$$\boldsymbol{V} = \boldsymbol{BX} - \boldsymbol{l} \tag{5.34}$$

其中

$$\boldsymbol{V} = \begin{bmatrix} v_1 \\ v_2 \\ \vdots \\ v_n \end{bmatrix}，\quad \boldsymbol{B} = \begin{bmatrix} 0 & 0 & \cdots & 0 & 0 & -1 & 0 & \cdots & 0 & 0 & d_{11}^2 & 0 & \cdots & 0 & 0 \\ 1 & 0 & \cdots & 0 & 0 & -1 & 0 & \cdots & 0 & 0 & d_{21}^2 & 0 & \cdots & 0 & 0 \\ \vdots & \vdots & \cdots & \vdots & \ddots & \vdots & \vdots & \cdots & \vdots & \ddots & \vdots & \vdots & \ddots & \vdots & \vdots \\ 0 & 0 & \cdots & 0 & 1 & 0 & 0 & \cdots & 0 & -1 & 0 & 0 & \cdots & 0 & d_{n-1m}^2 \\ 0 & 0 & \cdots & 0 & 0 & 0 & 0 & \cdots & 0 & -1 & 0 & 0 & \cdots & 0 & d_{nm}^2 \end{bmatrix}，$$

$$\boldsymbol{X} = \begin{bmatrix} x_1 \\ x_2 \\ \vdots \\ x_t \\ y_1 \\ y_2 \\ \vdots \\ y_t \\ k_1 \\ k_2 \\ \vdots \\ k_t \end{bmatrix}，\quad \boldsymbol{l} = \begin{bmatrix} l_1 \\ l_2 \\ \vdots \\ l_n \end{bmatrix}。$$

设观测权矩阵为

$$\boldsymbol{P} = \begin{bmatrix} p_{11} & p_{12} & \cdots & p_{1n} \\ p_{21} & p_{11} & \cdots & p_{2n} \\ \vdots & \vdots & \ddots & \vdots \\ p_{n1} & p_{n2} & \cdots & p_{nn} \end{bmatrix}$$

利用最小二乘法即可解算出待求参数$\boldsymbol{X} = (\boldsymbol{B}^{\mathrm{T}}\boldsymbol{PB})^{-1}\boldsymbol{B}^{\mathrm{T}}\boldsymbol{Pl}$。

5.2.3.2 参数法CPⅢ精密三角高程控制随机模型

如图5.8所示，在i测站对目标j进行三角高程测量，可得

$$h_{ij} = s_{ij} \times \sin(\alpha_{ij}) \tag{5.35}$$

式中，s_{ij} 为斜距，α_{ij} 为竖直角。

对上式两侧求微分可得

$$\mathrm{d}h_{ij}=\sin(\alpha_{ij})\times\mathrm{d}s_{ij}+s_{ij}\cos(\alpha_{ij})\frac{\mathrm{d}\alpha_{ij}}{\rho} \tag{5.36}$$

式中，$\rho=206265$。

设有 n 个三角高程观测值，则可写出 n 个式（5.36），写成矩阵形式为

$$\mathrm{d}\boldsymbol{H}=\boldsymbol{H}_1\mathrm{d}\boldsymbol{A}+\boldsymbol{H}_2\mathrm{d}\boldsymbol{S} \tag{5.37}$$

其中

$$\mathrm{d}\boldsymbol{H}=[\mathrm{d}h_1\quad \mathrm{d}h_2\quad \cdots\quad \mathrm{d}h_n]^{\mathrm{T}}$$

$$\mathrm{d}\boldsymbol{S}=[\mathrm{d}s_1\quad \mathrm{d}s_2\quad \cdots\quad \mathrm{d}s_n]^{\mathrm{T}}$$

$$\mathrm{d}\boldsymbol{A}=[\mathrm{d}\alpha_1\quad \mathrm{d}\alpha_2\quad \cdots\quad \mathrm{d}\alpha_n]^{\mathrm{T}}$$

$$\boldsymbol{H}_1=\frac{1}{\rho}\begin{bmatrix} s_1\cos(\alpha_1) & 0 & \cdots & 0 & 0 \\ 0 & s_2\cos(\alpha_2) & \vdots & 0 & 0 \\ \vdots & \vdots & \ddots & \vdots & \vdots \\ 0 & 0 & \cdots & s_{n-1}\cos(\alpha_{n-1}) & 0 \\ 0 & 0 & \cdots & 0 & s_{n-1}\cos(\alpha_n) \end{bmatrix}$$

$$\boldsymbol{H}_2=\begin{bmatrix} \sin(\alpha_1) & 0 & \cdots & 0 & 0 \\ 0 & \sin(\alpha_2) & \cdots & 0 & 0 \\ \vdots & \vdots & \ddots & \vdots & \vdots \\ 0 & 0 & \cdots & \sin(\alpha_{n-1}) & 0 \\ 0 & 0 & \cdots & 0 & \sin(\alpha_n) \end{bmatrix}$$

则由协因数传播定律可得观测值的权矩阵为

$$\boldsymbol{P}_{ij}=(\boldsymbol{H}_1\boldsymbol{P}_{\alpha}^{-1}\boldsymbol{H}_1^{\mathrm{T}}+\boldsymbol{H}_2\boldsymbol{P}_S^{-1}\boldsymbol{H}_2^{\mathrm{T}})^{-1} \tag{5.38}$$

5.2.3.3　球气差参数矩阵的优化

在 CPⅢ控制网外业数据采集时，如各测站间大气状况变化显著，则需要在每测站引入一个球气差参数；如果大气状况稳定，所有测站共用一个球气差参数即可。但更多的情况则是连续若干测站共用一个球气差参数，因此需要对球气差参数矩阵进行优化。

初始状态各测站共用一个球气差参数，然后对控制网进行平差计算；假设第 2 测站开始大气状况发生了变化，因此第 2 测站及以后各测站引入一个新的球气差参数，再次对控制网进行平差计算。通过 F 检验判断：如果引入新球气差参数后单位权方差有了显著变化，则接纳新参数；反之则放弃。按照上述步骤，引入新参数前

为初始状态，引入新参数后为当前状态，逐测站尝试引入新的球气差参数，直至所有测站判断完毕，即完成球气差参数矩阵的优化。

新参数显著性检验方法如下：设在 i 测站引入新的球气差参数前，多余观测值为 f_1，残差值矩阵为 $\boldsymbol{V}_1$；引入新的参数后，多余观测值为 f_2，残差值矩阵为 $\boldsymbol{V}_2$。设

$$\Omega_1 = \boldsymbol{V}_1^{\mathrm{T}}\boldsymbol{P}\boldsymbol{V}_1 \qquad \mu_1^2 = \frac{\Omega_1}{f_1}$$

$$\Omega_2 = \boldsymbol{V}_2^{\mathrm{T}}\boldsymbol{P}\boldsymbol{V}_2$$

令

$$R = \left|\Omega_2 - \Omega_1\right|$$

$$f_3 = f_2 - f_1$$

$$\mu_2^2 = \frac{R}{f_3}$$

则依文献[84]，R 与 Ω_1 随机独立，提出假设

$$H_0\text{：}\ E(\mu_1^2) = E(\mu_2^2)$$

$$H_1\text{：}\ E(\mu_1^2) > E(\mu_2^2)$$

统计量为

$$F = \frac{\mu_2^2}{\mu_1^2} \tag{5.39}$$

引入新参数后，重新平差计算。选定显著水平为 α，分子自由度为 f_3，分母自由度为 f_1，采用 F 检验法判断新模型的单位权方差与原模型的单位权方差是否有显著差异。由 α 查得 F_{α,f_3,f_1}，如果 $F < F_{\alpha,f_3,f_1}$，则接受 H_0 假设，表示单位权方差没有发生显著变化，也即当前测站和上一测站大气状况变化甚微，不需要引入新参数；反之则拒绝原假设，表明在该测站大气状况发生了显著变化，从该测站起后续所有测站都采用新的球气差参数。重复上述过程，直至所有测站检测完毕。

5.2.3.4 严密定权

在高精度数据处理中，对于多类型观测值，依据仪器标称精度定权的方法是不够精确的，因此需要采用严密定权方式。设 δ_α^2 和 δ_S^2 分别为竖直角和斜距的验后单位权方差，令 $\boldsymbol{T}_1 = \boldsymbol{H}_1 \times \boldsymbol{H}_1^{\mathrm{T}}$，$\boldsymbol{T}_2 = \boldsymbol{H}_2 \times \boldsymbol{H}_2^{\mathrm{T}}$，$\boldsymbol{T} = \boldsymbol{T}_1 + \boldsymbol{T}_2$，且

$$\boldsymbol{C} = \boldsymbol{T}^{-1} - \boldsymbol{T}^{-1}\boldsymbol{B}(\boldsymbol{B}^{\mathrm{T}}\boldsymbol{T}^{-1}\boldsymbol{B})^{-1}\boldsymbol{B}^{\mathrm{T}}\boldsymbol{T}^{-1}$$

$$\boldsymbol{S} = \begin{bmatrix} \mathrm{tr}(\boldsymbol{C}\boldsymbol{T}_1\boldsymbol{C}\boldsymbol{T}_1) & \mathrm{tr}(\boldsymbol{C}\boldsymbol{T}_1\boldsymbol{C}\boldsymbol{T}_2) \\ \mathrm{tr}(\boldsymbol{C}\boldsymbol{T}_2\boldsymbol{C}\boldsymbol{T}_1) & \mathrm{tr}(\boldsymbol{C}\boldsymbol{T}_2\boldsymbol{C}\boldsymbol{T}_2) \end{bmatrix}$$

$$\boldsymbol{W}=\begin{bmatrix}\boldsymbol{V}^{\mathrm{T}}\boldsymbol{C}\boldsymbol{T}_1\boldsymbol{C}\boldsymbol{V}\\ \boldsymbol{V}^{\mathrm{T}}\boldsymbol{C}\boldsymbol{T}_2\boldsymbol{C}\boldsymbol{V}\end{bmatrix}$$

由最小范数二次无偏估计可得

$$\boldsymbol{\theta}=\boldsymbol{S}^{-1}\boldsymbol{W} \tag{5.40}$$

式中，$\boldsymbol{\theta}=[\delta_\alpha^2 \quad \delta_S^2]^{\mathrm{T}}$。

由此可得，竖直角观测值和距离观测值的协方差矩阵分别为 $\boldsymbol{M}_1$ 和 $\boldsymbol{M}_2$。

$$\boldsymbol{M}_1=\delta_\alpha^2\boldsymbol{P}_\alpha$$
$$\boldsymbol{M}_2=\delta_S^2\boldsymbol{P}_S$$

竖直角和斜距的权分别为

$$\boldsymbol{P}'_\alpha=\delta_\alpha^2\boldsymbol{M}_1^{-1}$$
$$\boldsymbol{P}'_S=\delta_S^2\boldsymbol{M}_2^{-1}$$

重新计算高差观测值权阵

$$\boldsymbol{P}'_{\Delta H}=(\boldsymbol{H}_1\boldsymbol{P}'^{-1}_\alpha\boldsymbol{H}_1^{\mathrm{T}}+\boldsymbol{H}_2\boldsymbol{P}'^{-1}_S\boldsymbol{H}_2^{\mathrm{T}})^{-1} \tag{5.41}$$

再次利用 $\boldsymbol{P}'_{\Delta H}$ 获取待求参数最优估计值并进行精度评定。

5.2.3.5　参数法数据处理流程

参数法数据处理总体流程如图 5.10 所示，包括导入原始数据、列误差方程、参数估计、球气差矩阵优化、粗差检验、最小范数二次无偏估计定权、参数估计、结果输出等步骤。其中球气差矩阵优化、粗差检验需要进行迭代计算，具体流程如图 5.11、图 5.12 所示。

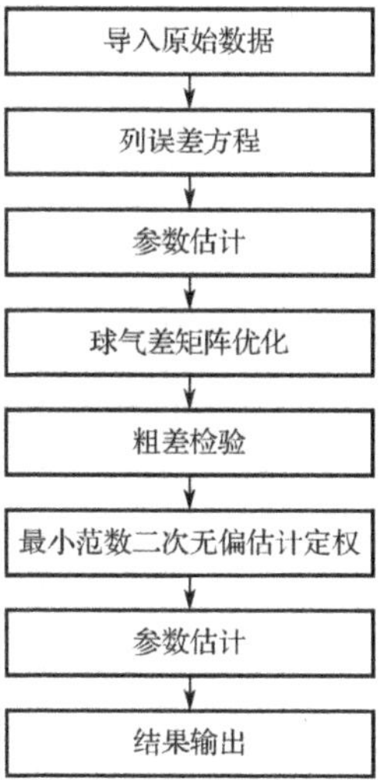

图 5.10　参数法数据处理总体流程

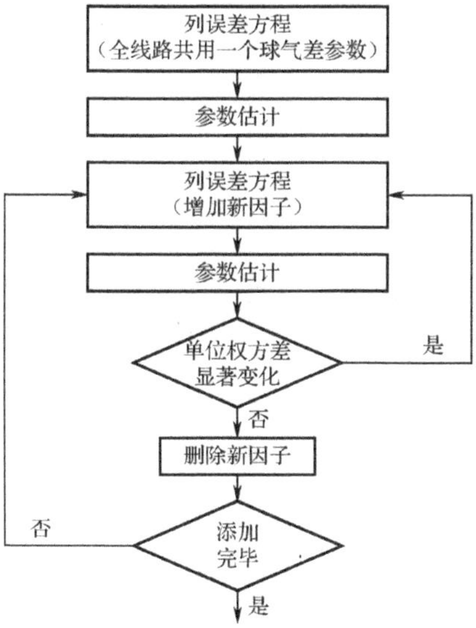

图 5.11　球气差矩阵优化流程

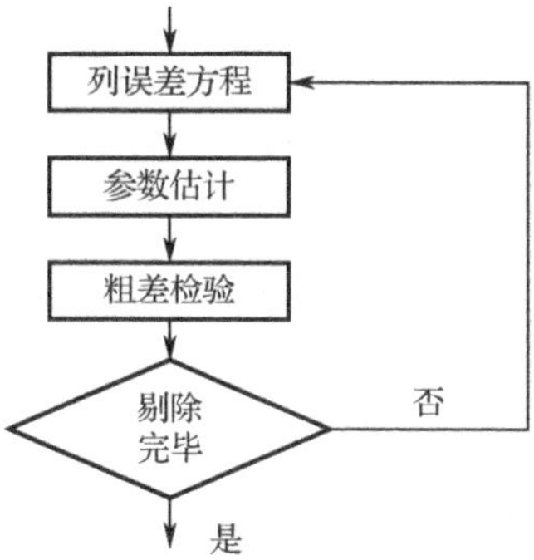

图 5.12　粗差检验流程

5.2.4 以竖直角为观测值的CPⅢ高程控制网平差模型

文献[85]指出：在高速铁路控制网建设中，CPⅢ控制点一般按照 60m 左右的间距成对布设，点位应高于轨道面 0.3m。路基地段宜布置在接触网杆基础上，也可以设置在专门的混凝土立柱上，CPⅢ控制点与设计轨面高差一般在 0.3m 左右；隧道里一般布置在电缆槽顶面以上(0.3～0.5)m 的边墙内衬上；对于桥梁通常需要布置在固定支座端上方的防护墙上。

由于仪器距离目标点越近，仪器竖直角绝对值越大（水平视线除外），且仪器高度一般距离轨道面不超过 1.8m。设仪器距离 CPⅢ点最近距离为 30m，仪器横轴与目标点高度差为 1.5m，则可得仪器竖直角绝对值最大为 3°。从现场实测数据来看，大多数观测点竖直角绝对值都在 1°以内。由于仪器视线接近水平，因此仪器测距误差对于三角高程观测值的影响远远小于竖直角误差的影响。如下针对 CPⅢ精密三角高程测量中测距误差的影响进行分析，为竖直角模型的提出提供理论依据。

设在 i 测站对 j 目标进行观测，竖直角为α_{ij}，斜距为s_{ij}（单位为米），则可得三角高程观测值

$$h_{ij} = s_{ij} \times \sin\alpha_{ij} \tag{5.42}$$

对上式求微分得

$$\mathrm{d}h_{ij} = \sin\alpha_{ij} \times \mathrm{d}s_{ij} + s_{ij} \times \cos\alpha_{ij} \frac{\mathrm{d}\alpha_{ij}}{\rho} \tag{5.43}$$

式中，$\rho = 206265$。

上式右侧第 1 项为测距误差对于三角高程观测值的影响，第 2 项为竖直角误差对于三角高程观测值的影响。由文献[9]可知，仪器标称精度竖直角不大于±1″，测距误差不大于$\pm\left(1+1\times\frac{s_{ij}}{1000}\right)$mm。由式（5.43）可以看出，距离误差对于三角高程测量的影响只与竖直角有关，与距离本身大小无关，取竖直角最大值为 3°，测距误差为 0.002m，则测距误差对于三角高程观测值的影响最大为 0.10mm（实际更小）；由式（5.43）进一步分析竖直角误差对三角高程测量的影响发现：距离越长，影响越大，因此取最大视距为 150m，竖直角误差最大为 2″，则可得竖直角误差对三角高程值的影响最大为 1.45mm。

综上可知，在 CPⅢ精密三角高程控制测量中，测距误差的影响远远小于竖直角误差的影响，且其值最大不超过 0.1mm。而 CPⅢ棱镜在高程方向的安装误差要求不超过 0.2mm，这说明棱镜安装误差对三角高程的影响在很大程度上都超过了距离测量误差的影响，因此在 CPⅢ精密三角高程测量中，距离产生误差

可以忽略不计，这是本节提出以竖直角为观测值的 CPⅢ高程控制网平差模型的理论基础。

如图 5.8 所示，设仪器中心高程最或然值为 y_i，目标点 j 高程最或然值为 x_j，则可得

$$h_{ij} = x_j - y_i + k_i \times d_{ij}^{\ 2} + \Delta_{ij} \tag{5.44}$$

式中，$h_{ij} = s_{ij} \times \sin(\alpha_{ij})$，$d_{ij} = s_{ij} \times \cos(\alpha_{ij})$，$\Delta_{ij}$ 为观测值真误差。

由于 α_{ij} 是微小量，因此

$$h_{ij} = s_{ij} \times \sin\alpha_{ij} = s_{ij} \times \alpha_{ij} \tag{5.45}$$

将式（5.45）代入式（5.44）可得

$$\alpha_{ij} = \frac{1}{s_{ij}} x_j - \frac{1}{s_{ij}} y_i + k_i \times \frac{(d_{ij})^2}{s_{ij}} + \Delta_{ij} \tag{5.46}$$

式（5.46）即为以竖直角为观测值的 CPⅢ精密三角高程平差模型。由此可得误差方程

$$v_{ij} = \frac{1}{s_{ij}} x_j - \frac{1}{s_{ij}} y_i + k_i \times \frac{(d_{ij})^2}{s_{ij}} - \alpha_{ij} \tag{5.47}$$

当 j 点为已知点，其高程为 H_j，则误差方程为

$$v_{ij} = -\frac{1}{s_{ij}} y_i + k_i \times \frac{(d_{ij})^2}{s_{ij}} - \left(\alpha_{ij} - \frac{1}{s_{ij}} H_j\right) \tag{5.48}$$

设竖直角观测值个数为 n，CPⅢ点个数为 t，测站数为 u，每测站引入一个球气差参数，则可写出 n 个方程，待求参数个数为 t+2u，写出其矩阵形式如下

$$\boldsymbol{V} = \boldsymbol{B}\boldsymbol{X} - \boldsymbol{l} \tag{5.49}$$

$$\boldsymbol{V} = \begin{bmatrix} v_1 \\ v_2 \\ \vdots \\ v_n \end{bmatrix},\quad \boldsymbol{B} = \begin{bmatrix} \frac{1}{s_{11}} & 0 & \cdots & 0 & -\frac{1}{s_{11}} & 0 & \cdots & 0 & \frac{(d_{11})^2}{s_{11}} & 0 & \cdots & 0 \\ 0 & \frac{1}{s_{12}} & \cdots & 0 & -\frac{1}{s_{12}} & 0 & \cdots & 0 & \frac{(d_{12})^2}{s_{12}} & 0 & \cdots & 0 \\ \vdots & \vdots & \ddots & \vdots & \vdots & \vdots & \ddots & \vdots & \vdots & \vdots & \ddots & \vdots \\ 0 & 0 & \cdots & \frac{1}{s_{ut}} & 0 & 0 & \cdots & -\frac{1}{s_{ut}} & 0 & 0 & \cdots & \frac{(d_{ut})^2}{s_{ut}} \end{bmatrix}$$

$$
\boldsymbol{X}=\begin{bmatrix} x_1 \\ x_2 \\ \vdots \\ x_t \\ y_1 \\ y_2 \\ \vdots \\ y_u \\ k_1 \\ k_2 \\ \vdots \\ k_u \end{bmatrix},\quad \boldsymbol{l}=\begin{bmatrix} l_1 \\ l_2 \\ \vdots \\ l_n \end{bmatrix}。
$$

观测值权矩阵为

$$
\boldsymbol{P}_{\Delta H}=\begin{bmatrix} 1 & 0 & \cdots & 0 \\ 0 & 1 & \cdots & 0 \\ \vdots & \vdots & \ddots & \vdots \\ 0 & 0 & 0 & 1 \end{bmatrix}
$$

利用最小二乘法即可解算出待求参数 $\boldsymbol{X}=(\boldsymbol{B}^{\mathrm{T}}\boldsymbol{P}_{\Delta H}\boldsymbol{B})^{-1}\boldsymbol{B}^{\mathrm{T}}\boldsymbol{P}_{\Delta H}\boldsymbol{l}$，再对其进行精度评定。

5.2.5 实验验证

5.2.5.1 仿真数据实验

仿真线路长为 12km，线路基准点间距为 2km。以 TS30 测量机器人为仿真对象，测角精度为±0.5″，测距精度为 $\pm\left(0.6+1\times\dfrac{s}{1000}\right)$mm（$s$ 为斜距，单位为米），每测站观测两测回。大气折光系数为 0.12 ± 0.05。

1. 无系统误差影响下的 CPⅢ精密三角高程控制网

利用仿真系统生成观测数据和已知点数据，在每个三角高程观测数据中加入测角误差和测距误差，假设每测站大气折光引起的误差为 0。分别利用参数法、传统差分法、对称差分法和非差法对仿真数据进行解算。图 5.13 和图 5.14 分别为平差后 CPⅢ控制网点高程中误差曲线和相邻点高差中误差曲线。

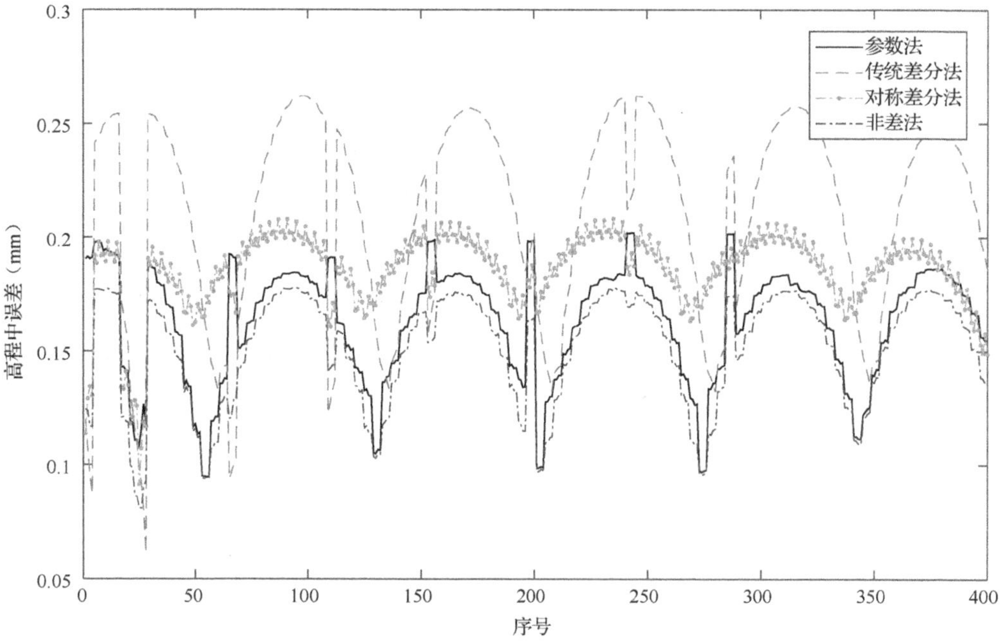

图 5.13　无系统误差影响 CPⅢ控制网点高程中误差曲线

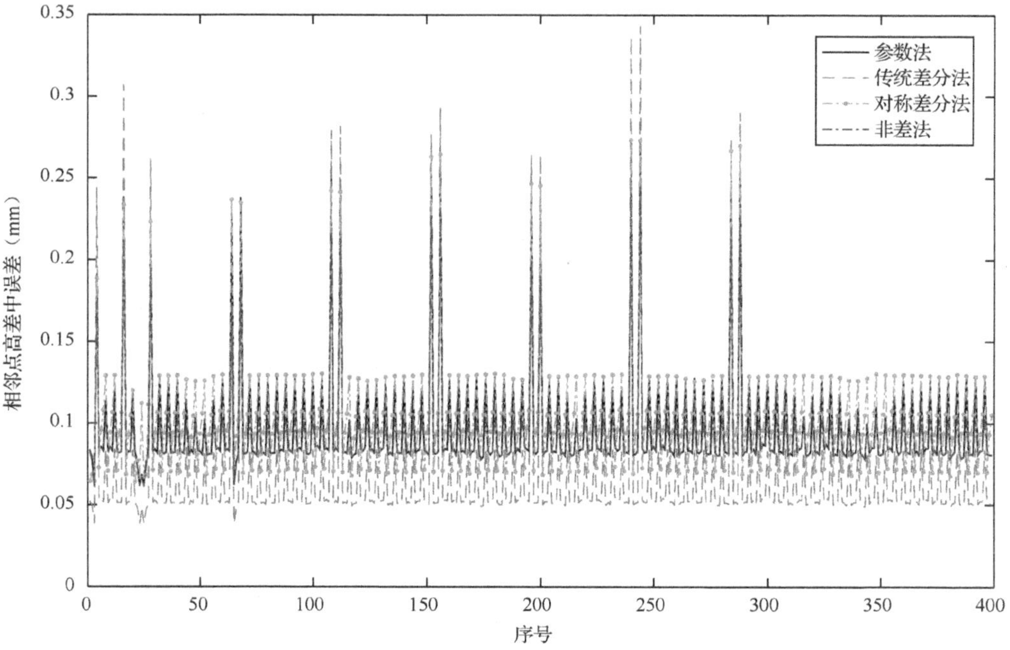

图 5.14　无系统误差影响 CPⅢ控制网点相邻点高差中误差曲线

由图 5.13、图 5.14 可以看出，在只有偶然误差的情况下，4 种模型都可以达到很高的精度，其中非差法精度最高，参数法次之，传统差分法精度最差。参数法由于引入了球气差参数，存在过度参数化的问题，导致精度略有下降。传统差分法由于观测值间的相关性问题，精度最差。对称差分法中的观测值间相关性较弱，精度优于传统差分法。从高差中误差曲线图可以看出，在只有偶然误差的情况下，CPⅢ精密三角高程控制网精度完全可以达到 CPⅢ水准网的精度。

2. 大气折光和地球曲率影响下的 CPⅢ精密三角高程控制网（无偶然误差）

利用仿真系统生成观测数据和已知点数据，在每个三角高程观测数据中加入大气折光和地球曲率引起的误差，假设测距偶然误差和竖直角偶然误差皆为 0。分别利用参数法、传统差分法、对称差分法和非差法对仿真数据进行解算。图 5.15 和图 5.16 分别为平差后 CPⅢ控制网点高程中误差曲线和相邻点高差中误差曲线。

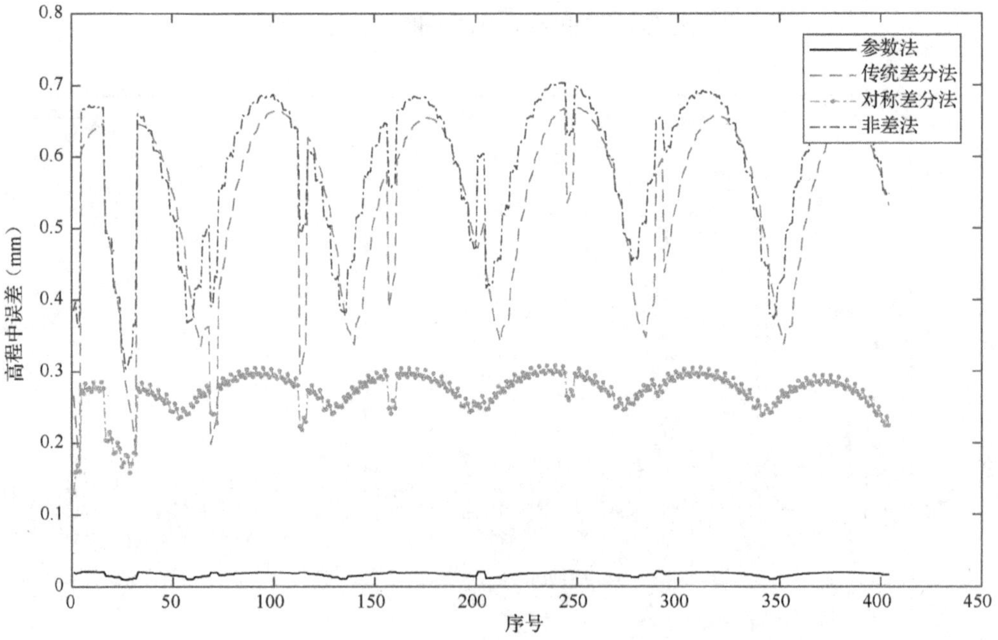

图 5.15　球气差影响 CPⅢ控制网点高程中误差曲线

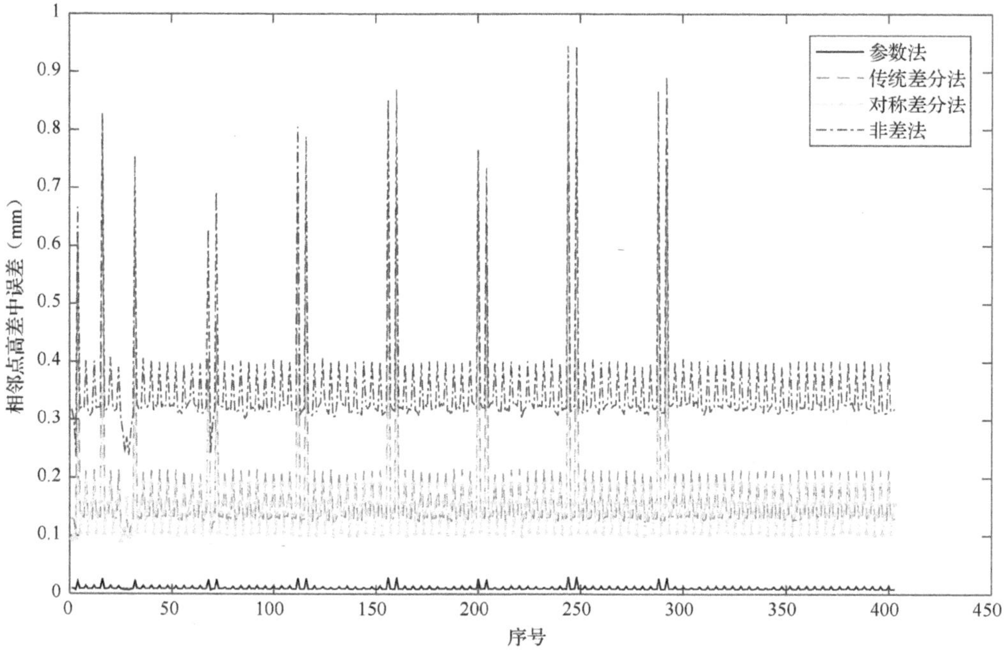

图 5.16　球气差影响 CPⅢ控制网点相邻点高差中误差曲线

由图 5.15、图 5.16 可以看出，在只有大气折光和地球曲率影响的情况下，解算精度由高到低依次是参数法、对称差分法、传统差分法、非差法，这也反映了各模型抗球气差影响的能力。对称差分法由于两差分点与测站距离近似相等，因此消除球气差影响的效果比传统差分法更好。

5.2.5.2　实测数据实验

1. 不同方法的实验比较

（1）线路起止里程为 DK1052+325～DK1057+318，采用徕卡 TS15 测量机器人进行数据采集，观测两个测回，共设站 53 次，采集 638 个观测值，引入 4 个线路水准基点进行约束。仪器测角标称精度为±1″，测距标称精度为 $\pm\left(1+1.5\times\frac{s}{1000}\right)$mm（$s$ 为斜距，单位为米）。不同方法解算结果如图 5.17、图 5.18 所示。

（2）线路起止里程为 DK1018+331～DK1028+314，采用徕卡 TS30 测量机器人进行数据采集，观测两个测回，共设站 83 次，采集 1047 个观测值，引入 6 个线路水准基点进行约束。仪器测角标称精度为±0.5″，测距标称精度为 $\pm\left(0.6+1\times\frac{s}{1000}\right)$mm （*s* 为斜距，单位为米）。不同方法解算结果如图 5.19、图 5.20 所示。

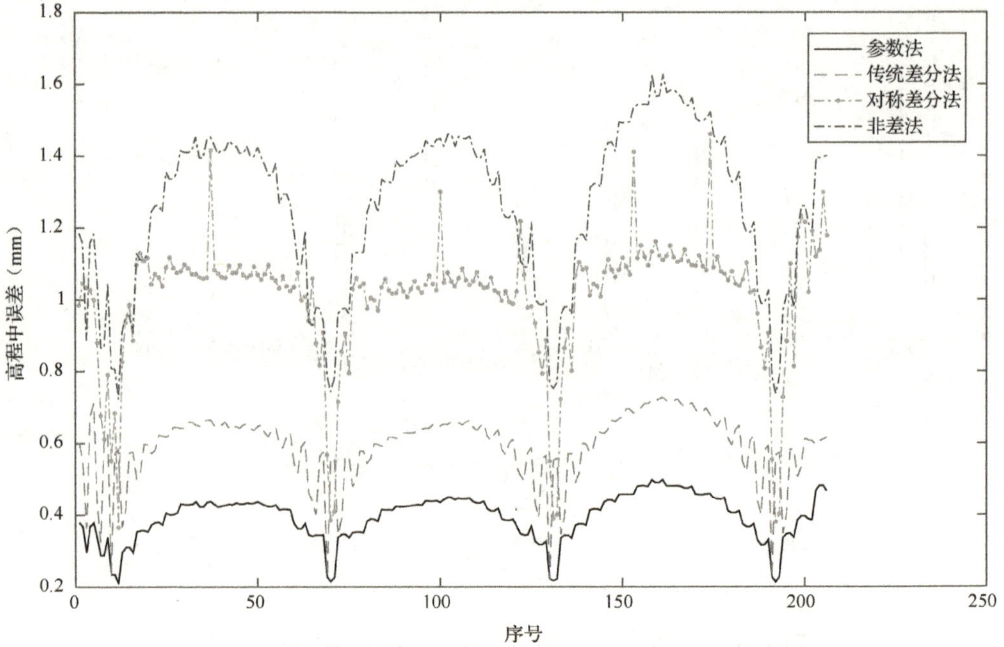

图 5.17　实测线路一高程中误差曲线对比

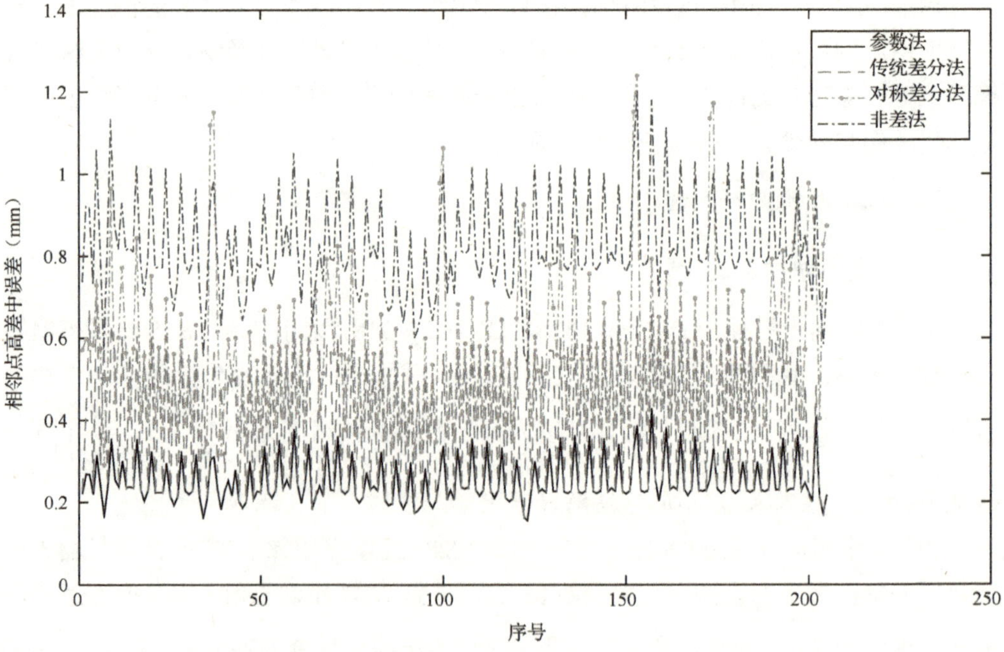

图 5.18　实测线路一相邻点高差中误差曲线对比

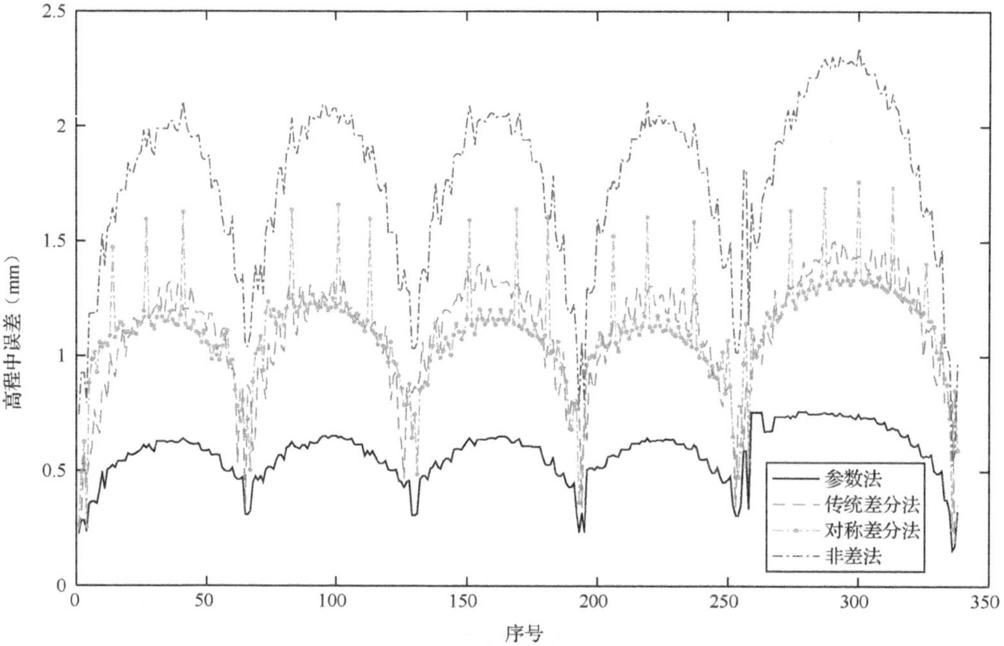

图 5.19　实测线路二高程中误差曲线对比

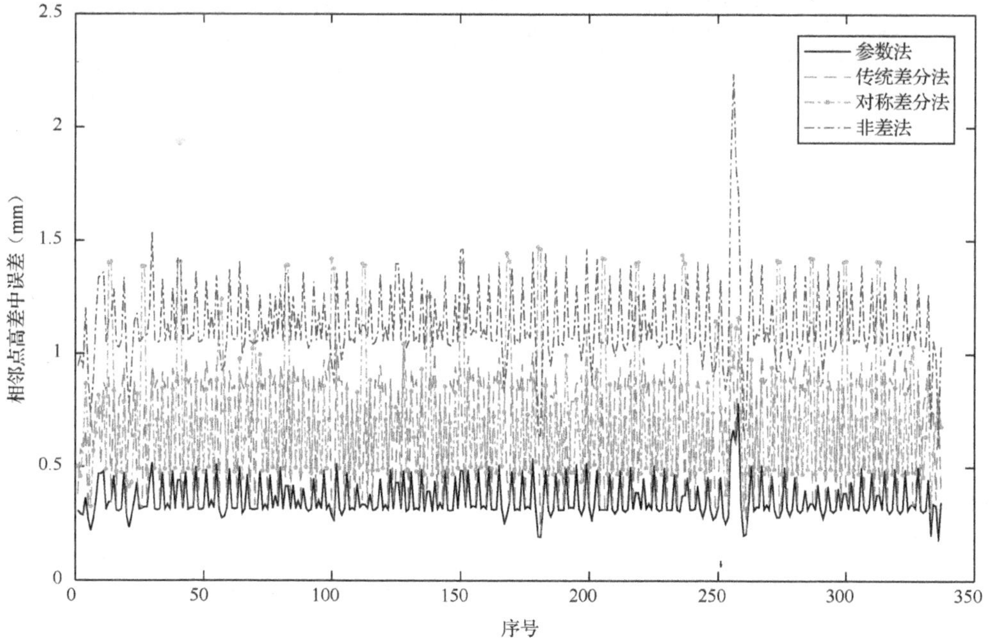

图 5.20　实测线路二相邻点高差中误差曲线对比图

通过实测数据对非差法、传统差分法、对称点差分法及参数法进行比较可得，参数法能很好地消除大气折光和地球曲率的影响；对称点差分法的最终精度要略低于传统差分法。通过非差法和参数法的比较可知大气折光和地球曲率对 CPⅢ精密三角高程控制网的精度影响可达 1mm 以上。

2. 参数法 CPⅢ精密三角高程控制网实验

（1）线路起止里程为 DK1111+327～DK1119+329，采用徕卡 TCA2003 测量机器人进行数据采集，观测两个测回，共设站 85 次，采集 981 个观测值，引入 5 个线路水准基点进行约束。仪器测距标称精度为±0.5″，测距标称精度为$\pm\left(1+1\times\frac{s}{1000}\right)$mm（$s$ 为斜距，单位为米）。利用参数法对数据进行解算，结果如图 5.21～图 5.25 所示。

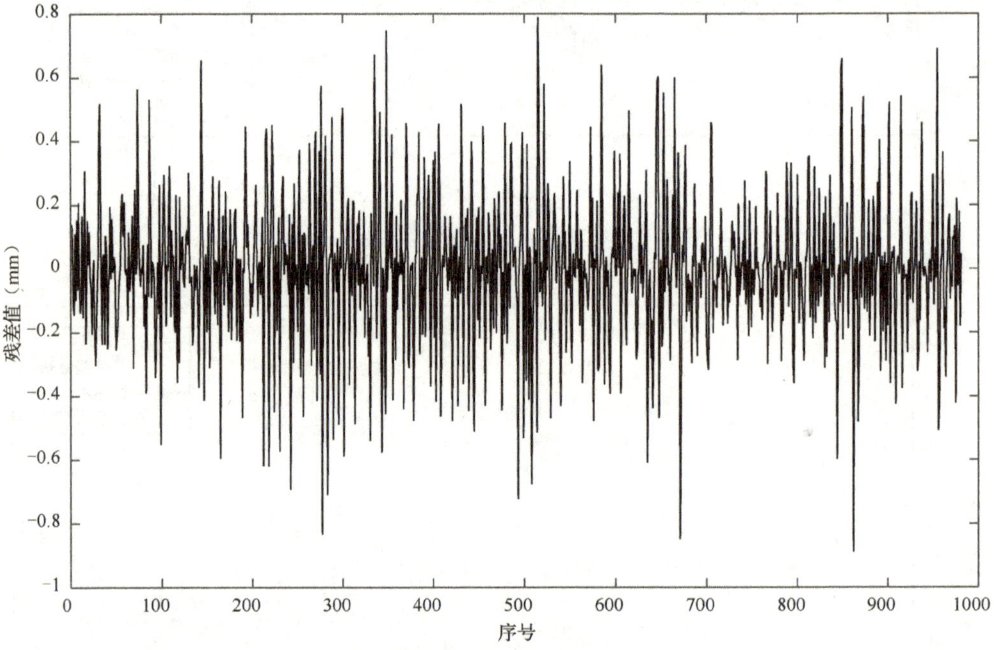

图 5.21 观测值残差曲线

由残差曲线图（见图 5.21）可以看出，各观测值残差介于(−0.85～0.80mm)之间，小于规范 1mm 的限差要求。残差分布符合偶然误差特性，未有明显的系统误差特征。

由图 5.22、图 5.23 可以看出，CPⅢ点高程中误差小于 0.32mm，满足规范中限差±2mm 的要求；相邻点间高差中误差小于±0.22mm，满足规范中限差 0.5mm 的要求。分别采用常规定权和严密定权进行解算，两条中误差曲线完全重合，这与前面的理论分析结论完全吻合。

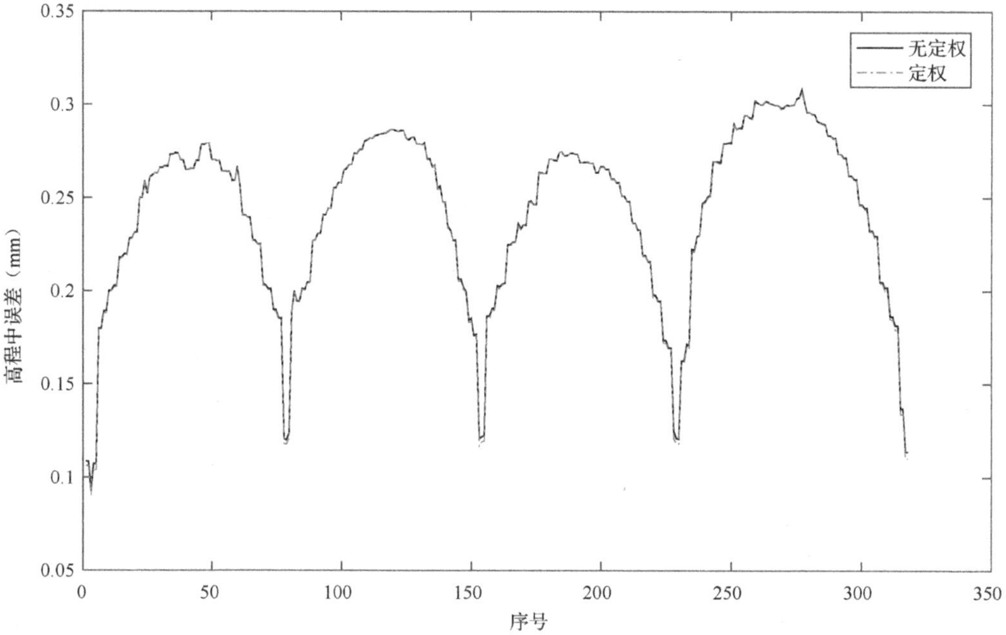

图 5.22　CPⅢ点高程中误差曲线

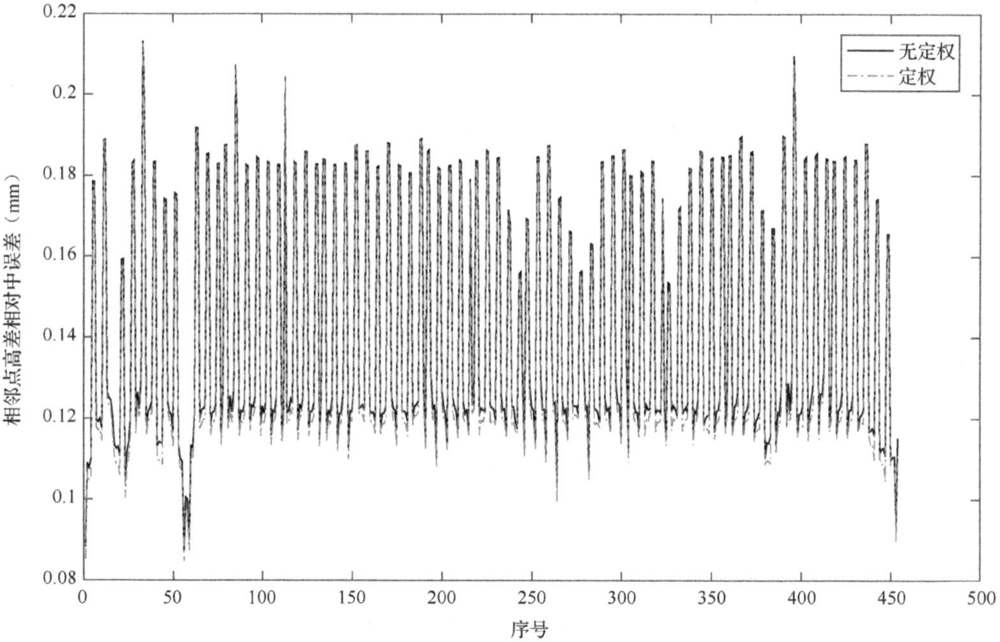

图 5.23　相邻 CPⅢ点高差中误差曲线

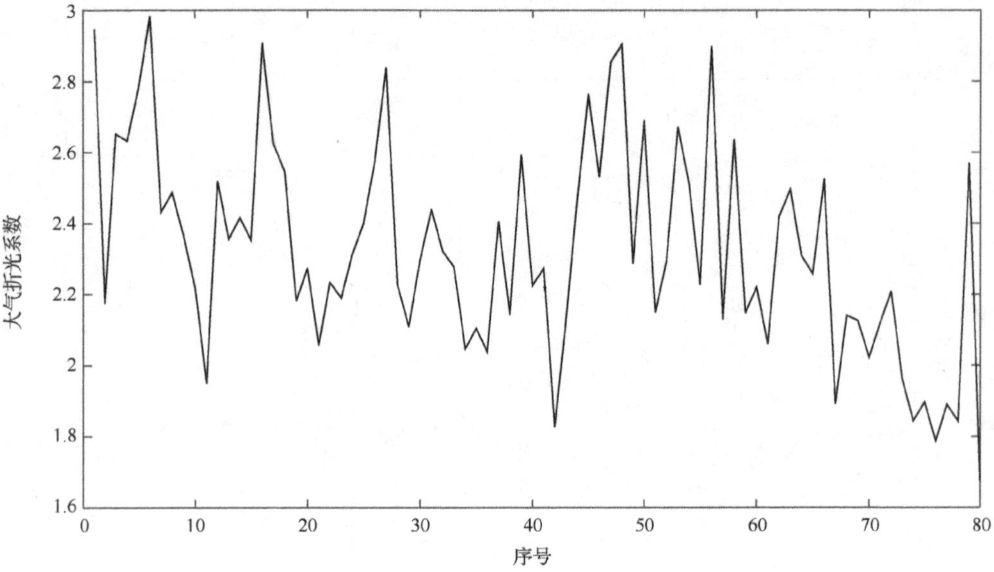

图 5.24　球气差参数变化曲线

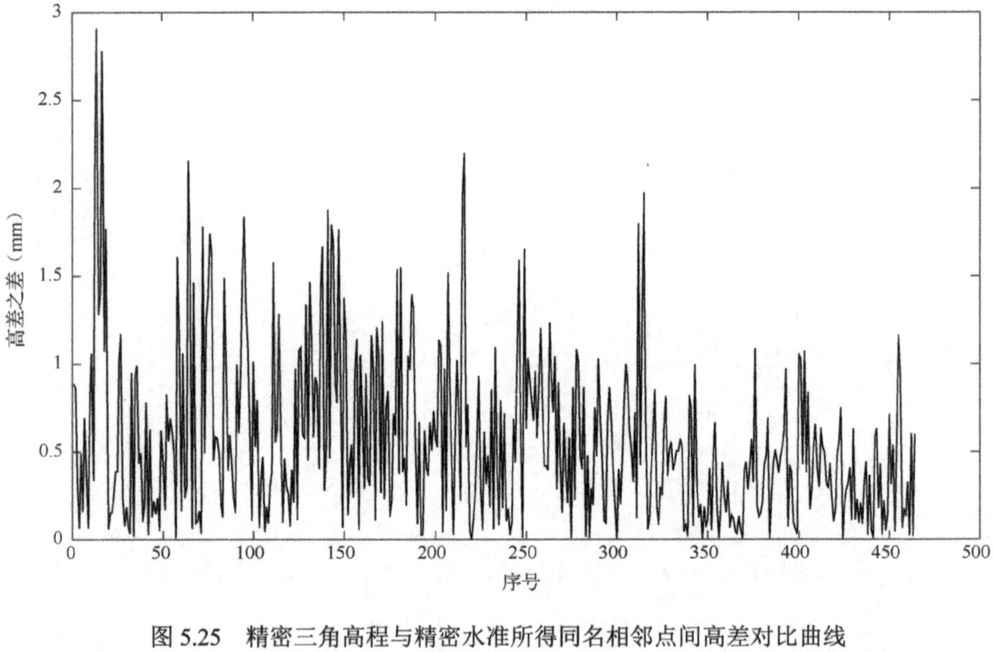

图 5.25　精密三角高程与精密水准所得同名相邻点间高差对比曲线

由图 5.24 可以看出，在线路 DK1111+327～DK1119+329 外业测量期间，球气差系数变化比较复杂，不可能通过一个简单的模型就能有效地进行修正。

由图 5.25 可以看出，CPⅢ精密三角高程控制网平差所得相邻两点间高差与 CPⅢ精密水准网平差所得同名点高差的差值超过 2mm 的有 5 个。

（2）线路起止里程为 DK1252+325～DK1257+318，采用徕卡 TS15 进行数据采集，观测两个测回，共设站 53 次，采集 611 个观测值，引入 3 个线路水准基点进行约束。仪器测距标称精度为±1″，测距标称精度为 $\pm\left(1+1.5\times\dfrac{s}{1000}\right)$mm（$s$ 为斜距，单位为米）。利用参数法对数据进行解算，结果如图 5.26～图 5.30 所示。

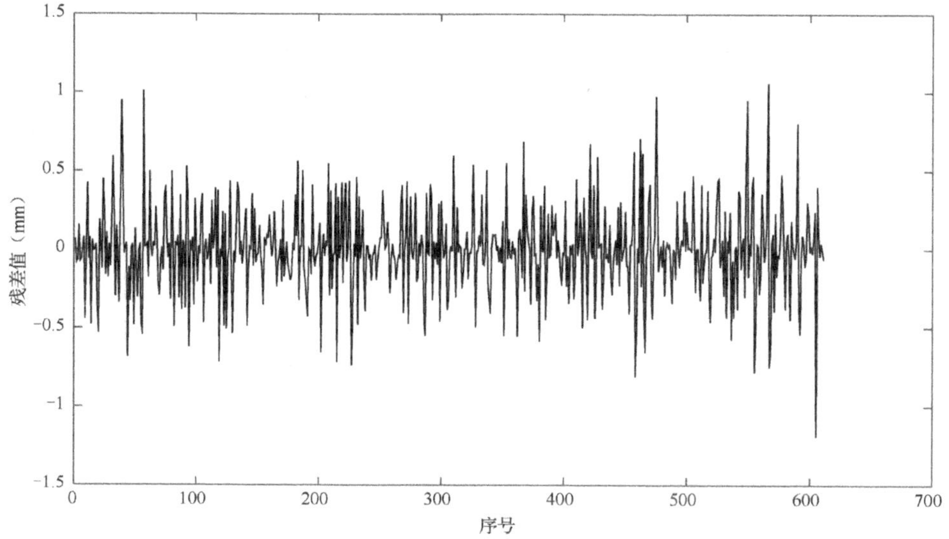

图 5.26　观测值残差曲线

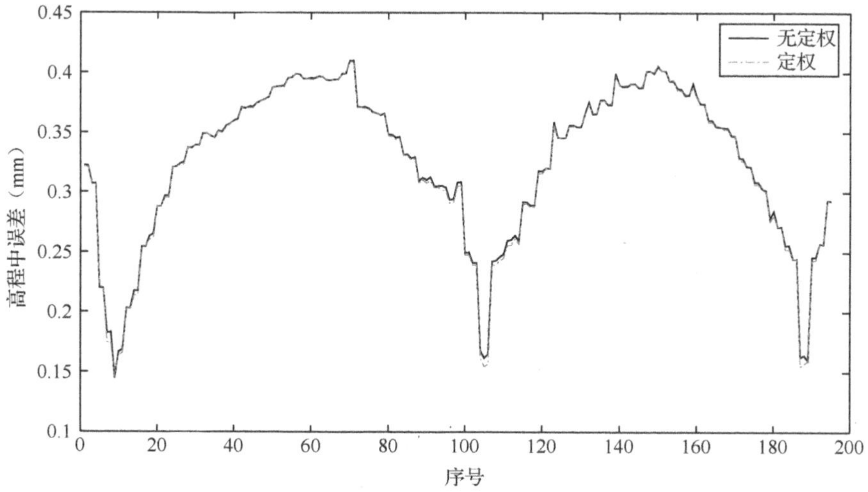

图 5.27　CPⅢ点高程中误差曲线

由残差曲线图（见图 5.26）可以看出，各观测值残差介于(−1.2～1.1mm)之间。残差分布符合偶然误差特性，未有明显的系统误差特征。

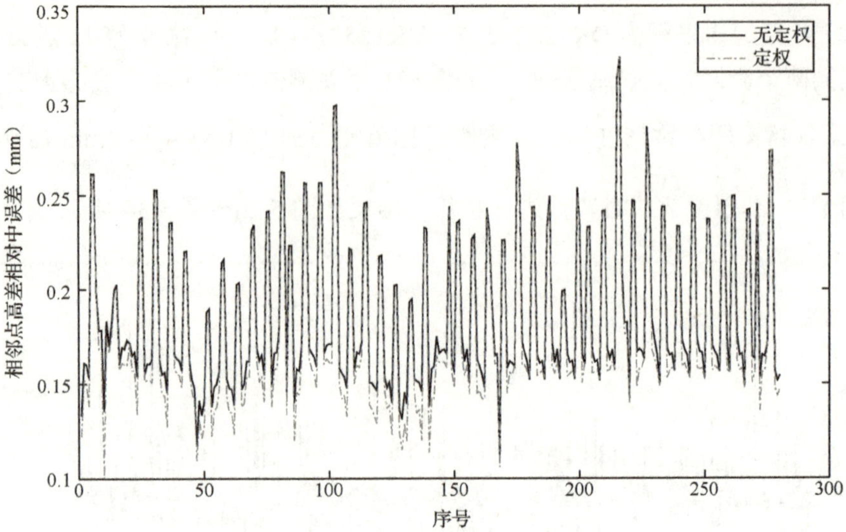

图 5.28　相邻 CPⅢ点高差中误差曲线

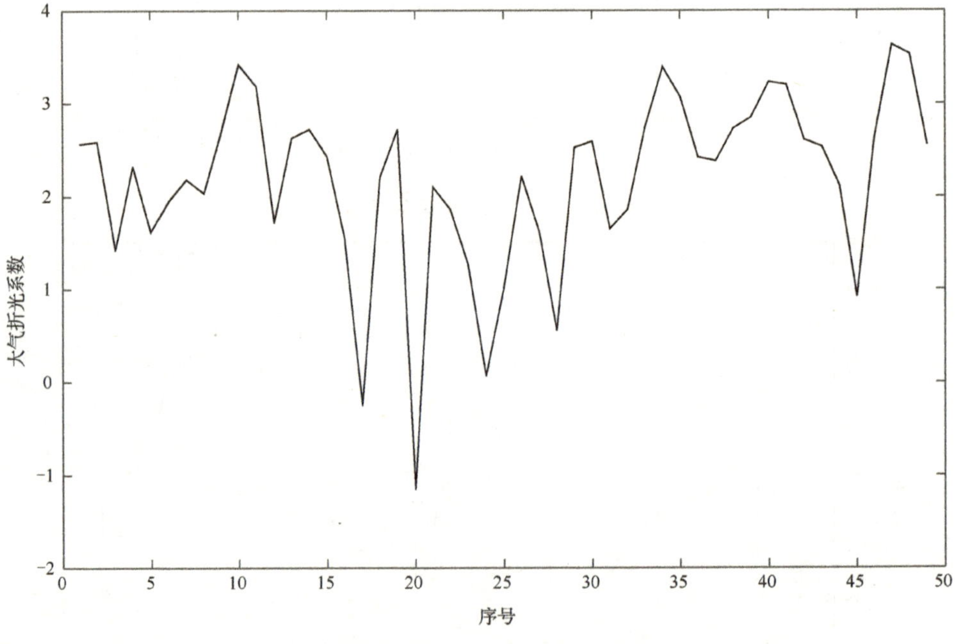

图 5.29　球气差参数变化曲线

由图 5.27、图 5.28 可以看出，CPⅢ点高程中误差小于 0.40mm，满足规范中限差 2mm 的要求；相邻点间高差中误差小于 0.32mm，满足规范中限差 0.5mm 的要求。分别采用常规定权和严密定权进行解算，两条中误差曲线完全重合，这与前面的理论分析结论完全吻合。

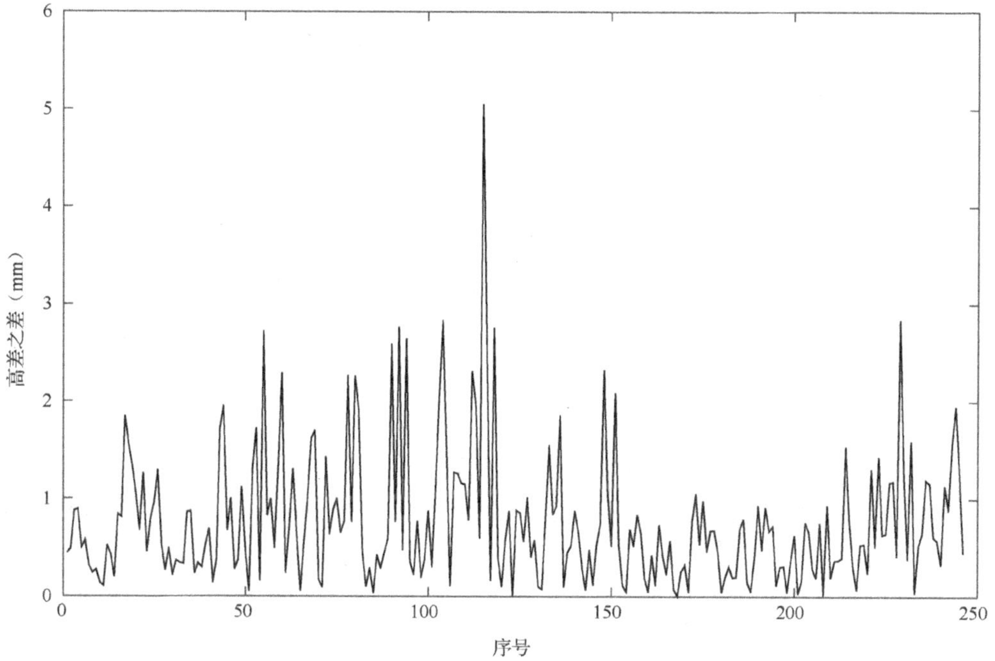

图 5.30　精密三角高程与精密水准所得同名相邻点间高差对比曲线

由图 5.29 可以看出，在线路 DK1252+325～DK1257+318 外业测量期间，各测站球气差系数变化也比较复杂，难以通过一个简单的模型就能有效地进行修正。

由图 5.30 可以看出，CPⅢ精密三角高程测量控制网所得相邻两点间高差与 CPⅢ精密水准网所得同名点高差的差值有 16 个超过规范限差 2mm，其余皆符合规范要求。

5.3　考虑垂线偏差的 CPⅢ精密三角高程控制网平差

由式（5.10）可知，精密三角高程观测值不仅受到大气折光和地球曲率等的影响，同时也受到观测点与测站之间垂线偏差变化的影响。

地面点垂线偏差的变化是由多种因素引起的。在通常情况下，这种变化是平稳的，在大范围内体现为系统性变化。垂线偏差的这种系统性变化主要由大地水准面长波项和所采用的椭球参数等原因引起。除此之外，垂线偏差在某些局部地区还具有突变的性质，且有很大的幅度，这主要是由地球内部质量密度分布的局部变化，高山、海沟及其他不同地貌等因素引起的[86]。

测定垂线偏差的方法一般可分为直接方法和间接方法。间接方法通常可归纳为重力测量方法、地球重力场模型法、GNSS 水准法和数值拟合法等，这些测量方法的精度与目前精度最高的数字天顶仪的测量精度（一般可达 0.1″）还相差较大[86]。

在传统三角高程测量中，通常采用往返测及限制观测距离的方法来减小垂线偏差变化的影响。但在 CPⅢ精密三角高程控制网数据处理中，还未有相关文献对垂线偏差变化的影响进行详细的讨论。

5.3.1 测区垂线偏差变化模型

CPⅢ控制网沿着带状区域分布，线路长度为 4～12km，在区域内可假定垂线偏差呈规则变化。如图 5.31 所示，设测站点位为i，观测目标为j，其方位角和水平距离分别为d_{ij}、α_{ij}。

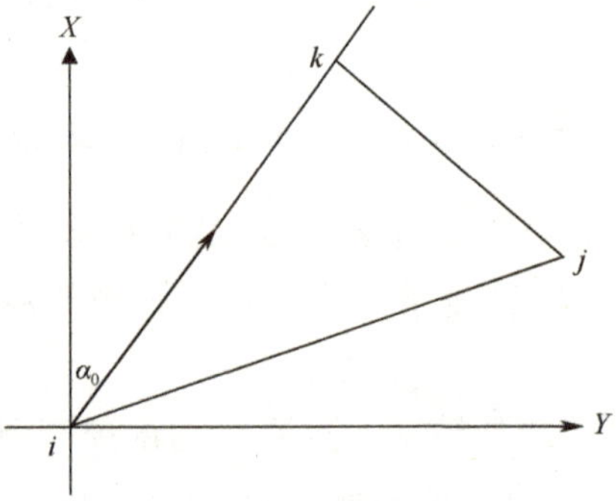

图 5.31 垂线偏差计算示意图

设区域内垂线偏差变化最大方位为α_0，测站点i处垂线偏差可用下式表示

$$\begin{aligned}\xi_i &= a_0 + a_1(x_i - x_0) + a_2(x_i - x_0)^2 \\ \eta_i &= b_0 + b_1(y_i - y_0) + b_2(y_i - y_0)^2\end{aligned} \tag{5.50}$$

式中，(x_0, y_0)为参照点，可取本段起点坐标；ξ_i为北方向垂线偏差分量；η_i为东方向垂线偏差分量；a_0、b_0、a_1、b_1、a_2、b_2为待求参数。

同理可得j处垂线偏差

$$\begin{aligned}\xi_j &= a_0 + a_1(x_j - x_0) + a_2(x_j - x_0)^2 \\ \eta_j &= b_0 + b_1(y_j - y_0) + b_2(y_j - y_0)^2\end{aligned} \tag{5.51}$$

则i、j两点间在α_0方向的垂线偏差的变化为

$$\begin{aligned} \xi_{ij} &= a_1\Delta x_{ij} + a_2(\Delta x_{0j}^2 - \Delta x_{0i}^2) \\ \eta_{ij} &= b_1\Delta y_{ij} + b_2(\Delta y_{0j}^2 - \Delta y_{0i}^2) \end{aligned} \tag{5.52}$$

由此可知，i、j 两点间在 α_{ij} 方向的垂线偏差变化为[81]

$$\gamma_{ij} = \{a_1\Delta x_{ij} + a_2(\Delta x_{0j}^2 - \Delta x_{0i}^2)\}\cos\alpha_{ij} + \{(b_1\Delta y_{ij} + b_2(\Delta y_{0j}^2 - \Delta y_{0i}^2)\}\sin\alpha_{ij} \tag{5.53}$$

当不考虑二次项时，式（5.53）可简化为

$$\gamma_{ij} = a_1\Delta x_{ij}\cos\alpha_{ij} + b_1\Delta y_{ij}\sin\alpha_{ij} \tag{5.54}$$

式（5.53）、式（5.54）即为测区内各目标点与测站点之间的垂线偏差变化模型。

5.3.2　考虑垂线偏差的 CPⅢ精密三角高程控制网平差模型

假定测区内垂线偏差变化呈线性关系，由式（5.10）、式（5.31）可得考虑垂线偏差的 CPⅢ精密三角高程控制网平差函数模型

$$h_{ij} = x_j - y_i + k_i \times d_{ij}^2 + \frac{d_{ij}}{2\rho}(a_1\Delta x_{ij}\cos\alpha_{ij} + b_1\Delta y_{ij}\sin\alpha_{ij}) + \Delta_{ij} \tag{5.55}$$

式中，$\rho = 206265$。

当目标点 j 为待求点时，可得误差方程为

$$v_{ij} = x_j - y_i + k_i \times d_{ij}^2 + \frac{d_{ij}}{2\rho}(a_1\Delta x_{ij}\cos\alpha_{ij} + b_1\Delta y_{ij}\sin\alpha_{ij}) - h_{ij} \tag{5.56}$$

当目标点 j 为已知点，且高程为 H_j，则得误差方程为

$$v_{ij} = -y_i + k_i \times d_{ij}^2 + \frac{d_{ij}}{2\rho}(a_1\Delta x_{ij}\cos\alpha_{ij} + b_1\Delta y_{ij}\sin\alpha_{ij}) - (h_{ij} - H_j) \tag{5.57}$$

设有 n 个三角高程观测值，待求 CPⅢ点数为 t，测站点数为 m，则可写出 n 个方程，写出其矩阵形式如下

$$\boldsymbol{V} = \boldsymbol{BX} - \boldsymbol{l} \tag{5.58}$$

式中，

$$\boldsymbol{B} = \begin{bmatrix} 0 & 0 & \cdots & 0 & 0 & -1 & 0 & \cdots & 0 & 0 & d_{11}^2 & 0 & \cdots & 0 & 0 & \frac{d_{11}}{2\rho}\Delta x_{11}\cos\alpha_{11} & \frac{d_{11}}{2\rho}\Delta y_{11}\sin\alpha_{11} \\ 1 & 0 & \cdots & 0 & 0 & -1 & 0 & \cdots & 0 & 0 & d_{21}^2 & 0 & \cdots & 0 & 0 & \frac{d_{12}}{2\rho}\Delta x_{12}\cos\alpha_{12} & \frac{d_{12}}{2\rho}\Delta y_{12}\sin\alpha_{12} \\ \vdots & \vdots & \vdots & \vdots & \vdots & \vdots & \vdots & \ddots & \vdots & \vdots & \vdots & \vdots & \vdots & \vdots & \ddots & \vdots & \vdots \\ 0 & 0 & \cdots & 0 & 1 & 0 & 0 & \cdots & 0 & -1 & 0 & 0 & \cdots & 0 & d_{(n-1)m}^2 & \frac{d_{(n-1)m}}{2\rho}\Delta x_{(n-1)m}\cos\alpha_{(n-1)m} & \frac{d_{(n-1)m}}{2\rho}\Delta y_{(n-1)m}\sin\alpha_{(n-1)m} \\ 0 & 0 & \cdots & 0 & 0 & 0 & 0 & \cdots & 0 & -1 & 0 & 0 & \cdots & 0 & d_{nm}^2 & \frac{d_{nm}}{2\rho}\Delta x_{nm}\cos\alpha_{nm} & \frac{d_{nm}}{2\rho}\Delta y_{nm}\sin\alpha_{nm} \end{bmatrix},$$

$$X=\begin{bmatrix}x_1\\x_2\\\vdots\\x_t\\y_1\\y_2\\\vdots\\y_t\\k_1\\k_2\\\vdots\\k_t\\a_1\\b_1\end{bmatrix},\ \ l=\begin{bmatrix}l_1\\l_2\\\vdots\\l_n\end{bmatrix},\ \ V=\begin{bmatrix}v_1\\v_2\\\vdots\\v_n\end{bmatrix}。$$

设观测值权矩阵为

$$P=\begin{bmatrix}p_{11} & p_{12} & \cdots & p_{1n}\\p_{21} & p_{11} & \cdots & p_{2n}\\\vdots & \vdots & \ddots & \vdots\\p_{n1} & p_{n2} & \cdots & p_{nn}\end{bmatrix}$$

利用最小二乘法即可解算出待求参数 $X=(B^{\mathrm{T}}PB)^{-1}B^{\mathrm{T}}Pl$ 。

5.3.3 利用精密水准观测值反演测区内垂线偏差变化

如果测区内的垂线偏差变化比较复杂，仅仅在平差模型中引入两个垂线偏差参数是难以彻底消除其影响的，因此本节引入少量精密水准观测值，分段计算垂线偏差参数，再对 CPⅢ精密三角高程观测值进行修正。为了避免大气折光和地球曲率的影响，选取精密三角高程观测值时，要求两观测目标到测站的距离近似相等。

某测站观测点如图 5.32 所示，共 12 个观测目标。

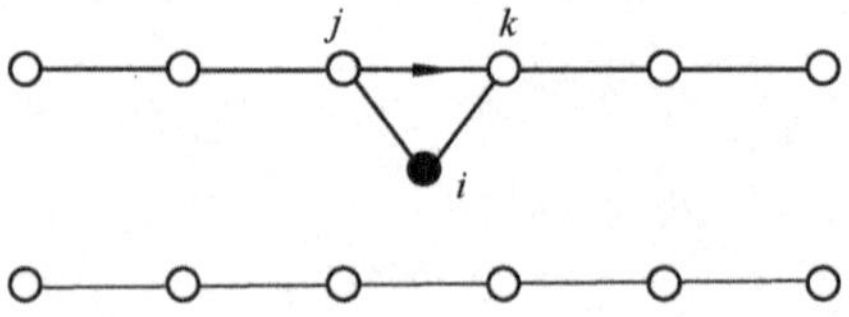

图 5.32 CPⅢ控制网一测站观测示意图

设在 i 测点对 j、k 两个等距 CPⅢ点进行精密三角高程测量，由式（5.55）可

得

$$h_{ij} = x_j - y_i + k_i \times d_{ij}^2 + \frac{d_{ij}}{2\rho}(a_1 \Delta x_{ij} \cos\alpha_{ij} + b_1 \Delta y_{ij} \sin\alpha_{ij}) + \Delta_{ij} \tag{5.59}$$

$$h_{ik} = x_k - y_i + k_i \times d_{ik}^2 + \frac{d_{ik}}{2\rho}(a_1 \Delta x_{ik} \cos\alpha_{ik} + b_1 \Delta y_{ik} \sin\alpha_{ik}) + \Delta_{ik} \tag{5.60}$$

式中，$\rho = 206265$。

在 j、k 点之间进行精密水准观测则可得

$$h_{jk} = x_j - y_k + \Delta_{jk} \tag{5.61}$$

令 $L_{jk} = h_{ij} - h_{ik} - h_{jk}$，则

$$L_{jk} = \frac{(d_{ij}\Delta x_{ij}\cos\alpha_{ij} - d_{ik}\Delta x_{ik}\cos\alpha_{ik})}{2\rho}a_1 + \frac{(d_{ij}\Delta y_{ij}\sin\alpha_{ij} - d_{ik}\Delta y_{ik}\sin\alpha_{ik})}{2\rho}b_1 + \Delta_{ijk} \tag{5.62}$$

观测值 L_{jk} 是 i、j、k 三点上两两之间高差的闭合差，由于两个精密三角高程观测值来自近似等距的 CPⅢ点，因此可以很好地消除球气差的影响。其误差方程为

$$v_{jk} = \frac{(d_{ij}\Delta x_{ij}\cos\alpha_{ij} - d_{ik}\Delta x_{ik}\cos\alpha_{ik})}{2\rho}a_1 + \frac{(d_{ij}\Delta y_{ij}\sin\alpha_{ij} - d_{ik}\Delta y_{ik}\sin\alpha_{ik})}{2\rho}b_1 - L_{jk}$$

设精密三角高程和精密水准观测值距离分别为 s_{ij}、s_{ik}、s_{jk}，则观测值 h_{ij}、h_{ik}、h_{jk} 的协因数矩阵为

$$\boldsymbol{Q}_h = \begin{bmatrix} s_{ij} & 0 & 0 \\ 0 & s_{ik} & 0 \\ 0 & 0 & s_{jk} \end{bmatrix}$$

依协因数传播定律，L_{jk} 的协因数为

$$Q_L = [1 \quad -1 \quad -1]\begin{bmatrix} s_{ij} & 0 & 0 \\ 0 & s_{ik} & 0 \\ 0 & 0 & s_{jk} \end{bmatrix}\begin{bmatrix} 1 \\ -1 \\ -1 \end{bmatrix} = s_{ij} + s_{ik} + s_{jk}$$

则 L_{jk} 的权为

$$p_{L_{jk}} = \frac{1}{s_{ij} + s_{ik} + s_{jk}}$$

设有 n 个虚拟观测值，则可以写出 n 个误差方程，写成矩阵形式为

$$\boldsymbol{V} = \boldsymbol{BX} - \boldsymbol{l} \tag{5.63}$$

其中

$$
\boldsymbol{B}=\frac{1}{2\rho}\begin{bmatrix} d_1\Delta x_1\cos\alpha_1-d_1\Delta x_1\cos\alpha_1 & d_1\Delta y_1\sin\alpha_1-d_1\Delta y_1\sin\alpha_1 \\ d_2\Delta x_2\cos\alpha_2-d_2\Delta x_2\cos\alpha_2 & d_2\Delta y_2\sin\alpha_2-d_2\Delta y_2\sin\alpha_2 \\ \vdots & \vdots \\ d_{n-1}\Delta x_{n-1}\cos\alpha_{n-1}-d_{n-1}\Delta x_{n-1}\cos\alpha_{n-1} & d_{n-1}\Delta y_{n-1}\sin\alpha_{n-1}-d_{n-1}\Delta y_{n-1}\sin\alpha_{n-1} \\ d_n\Delta x_n\cos\alpha_n-d_n\Delta x_n\cos\alpha_n & d_n\Delta y_n\sin\alpha_n-d_n\Delta y_n\sin\alpha_n \end{bmatrix},
$$

$$
\boldsymbol{X}=\begin{bmatrix} a_1 \\ b_1 \end{bmatrix},\quad \boldsymbol{l}=\begin{bmatrix} l_1 \\ l_2 \\ \vdots \\ l_n \end{bmatrix},\quad \boldsymbol{V}=\begin{bmatrix} v_1 \\ v_2 \\ \vdots \\ v_n \end{bmatrix}。
$$

n 个虚拟观测值对应的权矩阵为

$$
\boldsymbol{P}=\begin{bmatrix} p_{11} & 0 & \cdots & 0 \\ 0 & p_{11} & \cdots & 0 \\ \vdots & \vdots & \ddots & \vdots \\ 0 & 0 & \cdots & p_{nn} \end{bmatrix}
$$

利用最小二乘法即可解算出待求参数 $\boldsymbol{X}=(\boldsymbol{B}^{\mathrm{T}}\boldsymbol{PB})^{-1}\boldsymbol{B}^{\mathrm{T}}\boldsymbol{Pl}$ 。

利用精密水准观测值辅助解算垂线偏差变化参数，主要涉及精密三角高程观测值和精密水准观测值的匹配、参数估计、方差分量估计法定权等，具体实现流程图如图 5.33 所示。

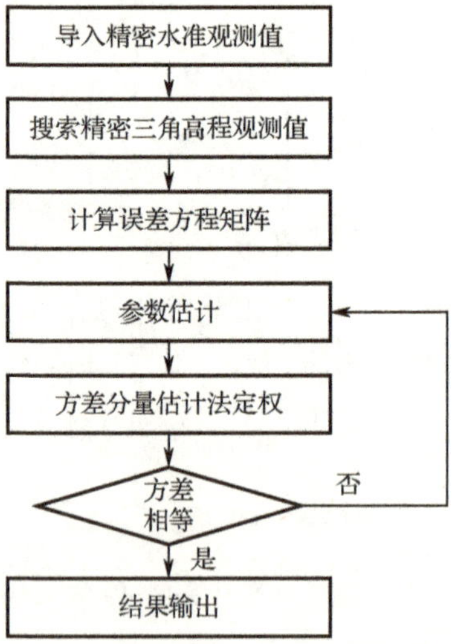

图 5.33　精密水准辅助解算垂线偏差变化参数流程图

5.3.4　实例验证

某 CPⅢ控制网全长 7km，利用测量机器人进行精密三角高程测量，共 74 站，获得 903 个观测值（有少量加密点）。以下分几种方案进行实验。

5.3.4.1　忽略垂线偏差影响的精密三角高程控制网平差实验

按照式（5.32）构建 CPⅢ精密三角高程控制网，忽略垂线偏差产生的影响。图 5.34、图 5.35、图 5.36 分别为不考虑垂线偏差影响的条件下 CPⅢ精密三角高程控制网平差所得残差图、各 CPⅢ点高程中误差曲线、各相邻 CPⅢ点间高差中误差曲线。

由残差图（见图 5.34）可以看出，绝对值最大残差小于 1mm；由图 5.35 和图 5.36 可以看出，CPⅢ点高程中误差绝对值最大为 0.468mm，平均值为±0.387mm；相邻 CPⅢ点间高差中误差绝对值最大为 0.342mm，平均值为±0.218mm。

5.3.4.2　考虑垂线偏差影响的精密三角高程控制网平差实验

按照式（5.37）、式（5.38）建立 CPⅢ精密三角高程控制网误差方程。这种方案假定测区内垂线偏差变化呈线性规律，具体数据处理流程与图 5.10 相同。

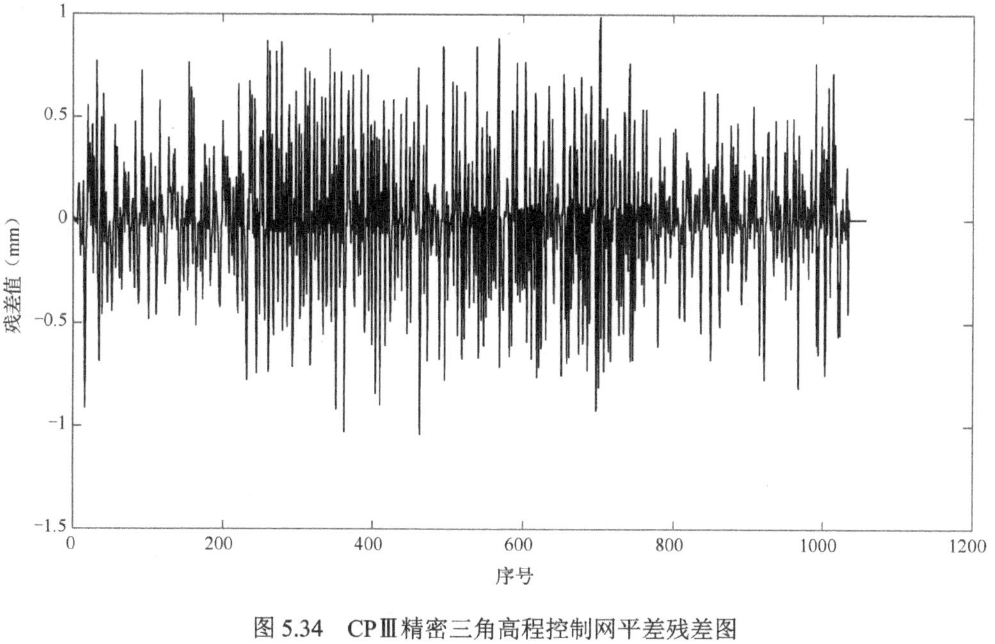

图 5.34　CPⅢ精密三角高程控制网平差残差图

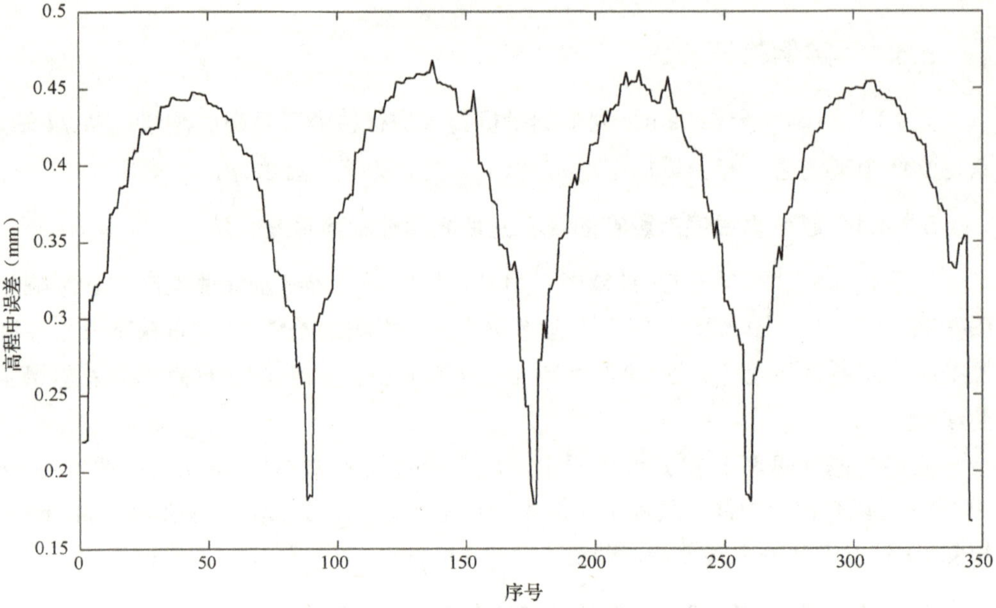

图 5.35　CPⅢ精密三角高程控制网高程中误差曲线

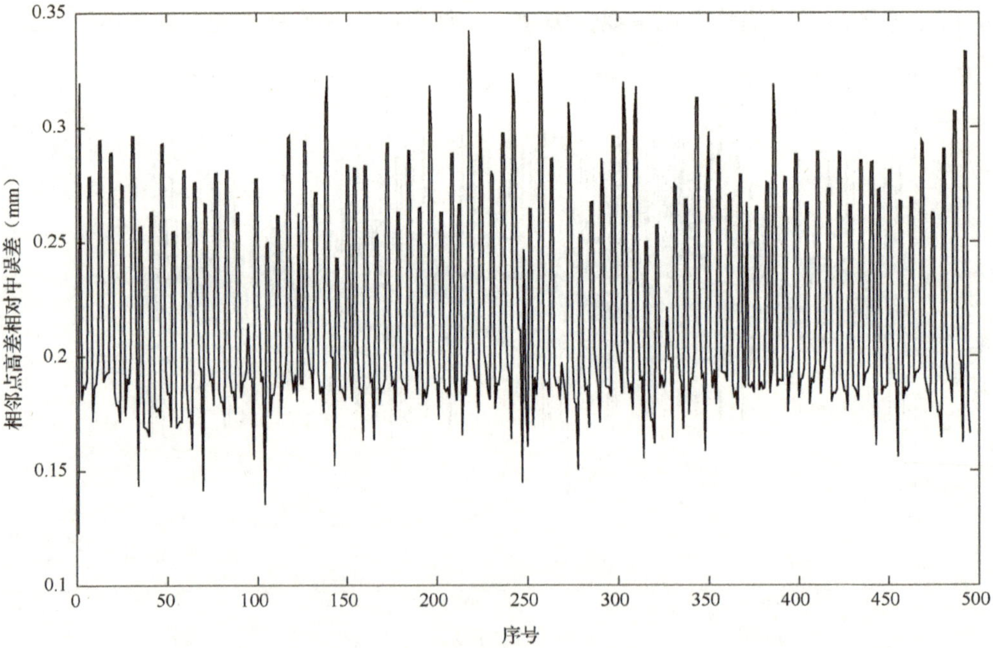

图 5.36　CPⅢ精密三角高程控制网相邻点间高差中误差曲线

图 5.37、图 5.38 分别为考虑垂线偏差影响的条件下 CPⅢ精密三角高程控制网

平差所得 CPⅢ点高程中误差曲线、各相邻 CPⅢ点间高差中误差曲线。

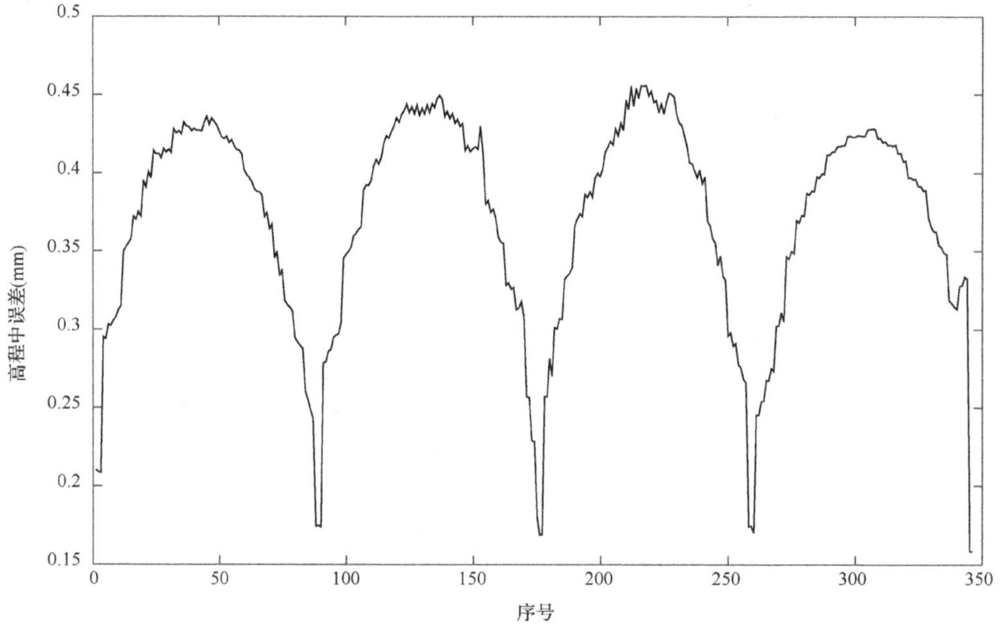

图 5.37　CPⅢ精密三角高程控制网高程中误差曲线

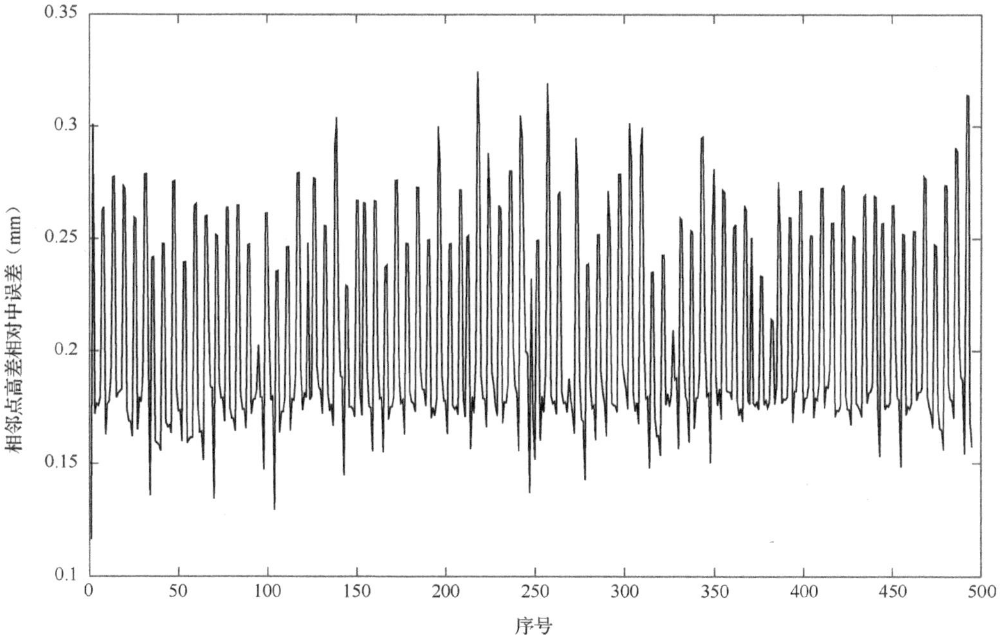

图 5.38　CPⅢ精密三角高程控制网相邻点间高差中误差曲线

由图 5.37 和图 5.38 可以看出，CPⅢ点高程中误差绝对值最大为 0.456mm，平均值为±0.370mm；相邻 CPⅢ点间高差中误差绝对值最大为 0.324mm，平均值为±0.205mm。

5.3.4.3 利用精密水准数据反演测区内垂线偏差变化规律

图 5.39 和图 5.40 分别为利用水准观测值反演垂线变化并对精密三角高程观测值进行修正后平差所得 CPⅢ点高程中误差曲线、各相邻 CPⅢ点间高差中误差曲线。

由图 5.39 和图 5.40 可以看出，CPⅢ点高程中误差绝对值最大为 0.455mm，平均值为±0.376mm；相邻 CPⅢ点间高差中误差绝对值最大为 0.333mm，平均值为±0.212mm。

由以上三个实验方案的对比可知：对垂线偏差变化进行修正后，虽然 CPⅢ点高程中误差和相邻 CPⅢ点间高差中误差变化都非常小，但依然能明显看出，引入垂线偏差变化因子比采用精密水准观测值反演垂线偏差变化因子，再对精密三角高程观测值进行修正精度更高。

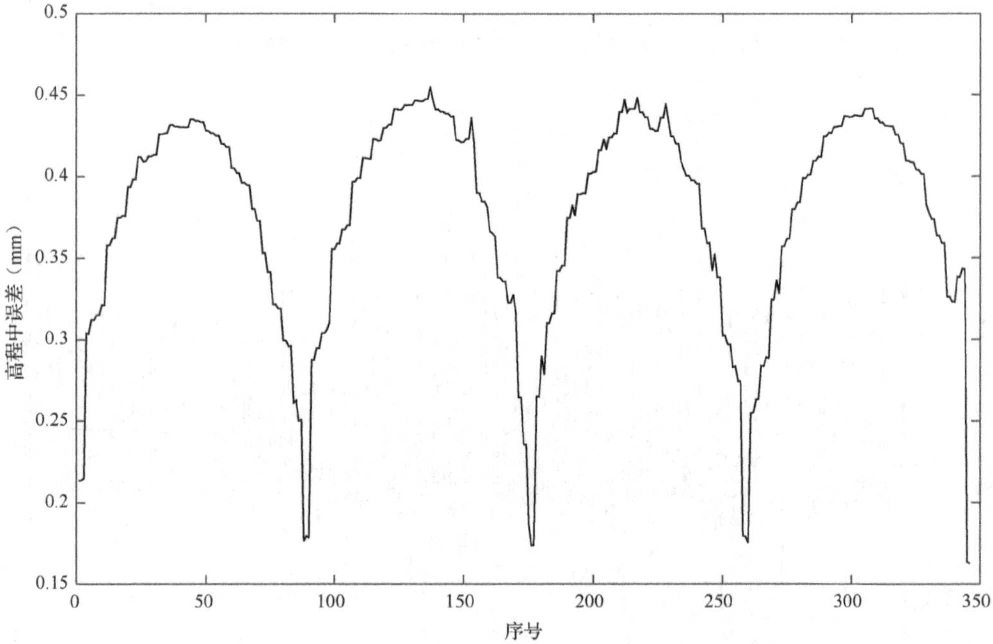

图 5.39 CPⅢ精密三角高程控制网高程中误差曲线

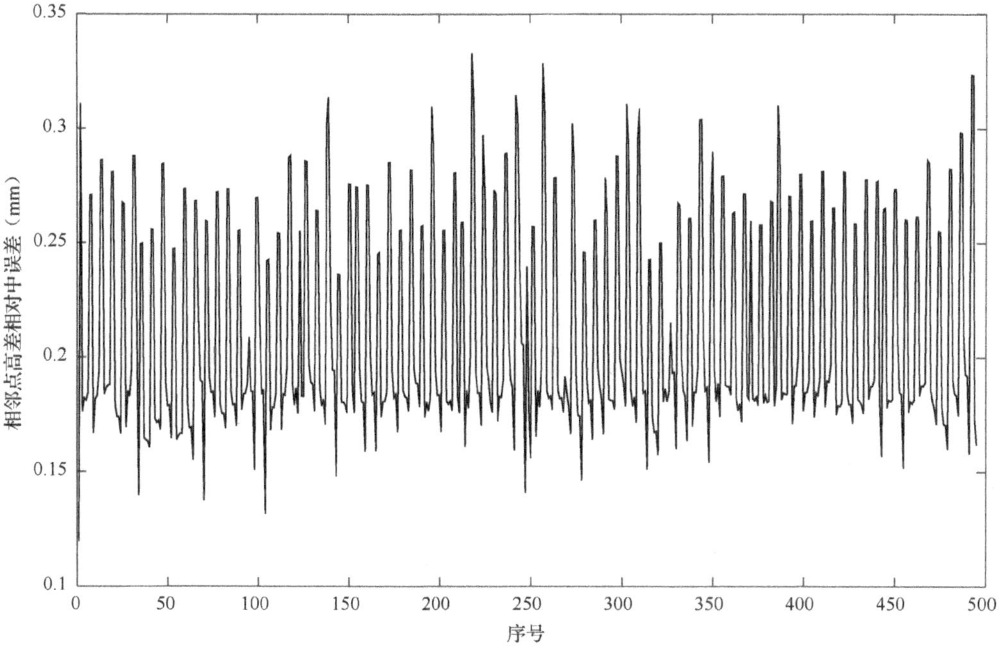

图 5.40　CPⅢ精密三角高程控制网相邻点间高差中误差曲线

5.4　本章小结

大气折光和地球曲率影响是 CPⅢ精密三角高程控制网中最主要的误差源，目前主要采用差分法来消除。

本章首先对两种求差模型进行了研究和分析。通过引入待求参数的方式来削弱精密三角高程观测值中大气折光和地球曲率的影响，并利用统计检验对球气差参数矩阵进行优化，防止出现参数过度化问题。最后通过仿真数据和实测数据的实验得出如下结论：

（1）参数法算法简单、数据利用率高、精度优于差分法，且能保证观测值之间的独立性。

（2）相邻点间差分模型精度要优于对称点间差分模型，这是由于对称差分法虽然能更好地消除大气折光和地球曲率的影响，但是这种方法构成的控制网网形不好。

（3）由于每测站观测目标接近水平，测距误差影响通常情况下可忽略不计，因此利用最小范数二次无偏估计定权效果往往并不明显。

（4）以竖直角为观测值的 CPⅢ精密三角高程控制网平差模型是参数法模型的

特例，只适用于竖直角绝对值不超过 3° 的控制网。

（5）CPⅢ精密三角高程控制网解算结果与 CPⅢ精密水准网解算结果的对比仅做参考，两者的偏差超限往往是由于测量杆旋不到位造成的。

求差法和参数法都可用来消除或者削弱系统误差的影响。从实验结果可知参数法精度更高。但参数法未考虑垂线偏差的影响，而传统差分法由于两个差分目标方向基本一致，因此理论上能消除部分垂线偏差的影响。在少数垂线偏差变化较大的测区，差分法值得做进一步的研究。

垂线偏差变化对 CPⅢ精密三角高程控制网的影响远小于大气折光和地球曲率的影响，当垂线偏差变化率达到 10″/km 的水平时，其对三角高程观测值的影响最大仅有 0.5mm。在 CPⅢ高程控制网数据处理中，0.5mm 的偏差是不可忽视的，因此有必要对其进行研究。

我们采用了两种方法来消除垂线偏差变化的影响，第一，在平差模型中引入垂线偏差变化参数；第二，引入少量精密水准观测值，结合精密三角高程观测值反演垂线偏差变化系数。当测区内垂线偏差变化呈线性特征时宜采用第一种方法，当测区内垂线偏差变化比较复杂时，则需要利用第二种办法分段计算各段的垂线偏差变化系数。

通过实测数据的解算验证发现，这两种办法都能削弱垂线变化的影响，且两种方法的解算结果一致。但大量实验也证明，在大多数情况下，垂线偏差变化对 CPⅢ精密三角高程控制网的影响可忽略不计。

第 6 章　CPⅢ精密三角高程控制网联合平差

通过在平差方程中引入待求参数来削弱大气折光和地球曲率的影响，可使 CPⅢ精密三角高程控制网的解算结果满足规范的要求。但 CPⅢ精密三角高程控制网的精度通常仍然难以达到 CPⅢ精密水准网的精度，且粗差观测值较多，在剔除粗差观测值后有时候还会出现网形残缺的情况。本章探讨在 CPⅢ精密三角高程控制网中引入精密水准观测值进行联合平差，其目的之一就在于用其修补残缺的 CPⅢ精密三角高程控制网；另一个目的则是通过联合平差，以少量的精密水准观测值来获得与 CPⅢ精密水准网同等精度的结果。

然而，精密三角高程观测值与精密水准观测值精度相差比较悬殊。以徕卡 TS30 测量机器人和 DiNi03 数字水准仪为例，TS30 标称精度为测角±0.5″，测距标称精度为$\pm\left(0.6+1\times\dfrac{s}{1000}\right)$mm（$s$ 为斜距，单位为米），不考虑测距误差的影响，取竖直角为 0，距离为 150m，由式（5.13）可知，三角高程观测值中误差最大可达±0.36mm，三个测回平均值中误差为±0.21mm，如果考虑精密三角高程观测值中的系统性残余误差，这个值会更大；DiNi03 数字水准仪的标称精度为往返±0.3mm/km（单程为±0.42mm/km），在 CPⅢ控制网中，相邻两点间距离最长为线路纵向 60m 左右，则水准观测值中误差最大为 0.025mm。由此可以看出，DiNi03 数字水准仪的精度远高于 TS30 精密三角高程测量的精度。在精密水准网中加入部分精密三角高程观测值，如果不进行严密的定权，则精密三角高程观测值就会表现为含粗差观测值，从而降低整个控制网的精度。反之，在精密三角高程控制网中加入少量精密水准观测值，如果没有严密的定权，精密水准观测值可能对精密三角高程控制网不会发挥应有的作用。因此，在 CPⅢ精密三角高程控制网中引入部分精密水准观测值，最关键的问题就是如何确定两种观测值之间的权比关系，然而目前还未见相关文献对这个问题进行过详细的讨论。

6.1　联合平差模型

虽然精密三角高程测量和精密水准测量都能获得两点间的高差，但在 CPⅢ控制测量中，这两种方式选择的路线并不相同。如图 6.1 所示，空心圆圈为 CPⅢ点，实心圆圈为精密三角高程测站点；实线为精密三角高程观测视线，虚线为精密水准观测路线。由图 6.1 可以看出，精密三角高程测量得到 CPⅢ点与测站之间的高差，而精密水准测量得到两 CPⅢ点之间的高差，显然 CPⅢ精密水准网待求参数要少于 CPⅢ精密三角高程控制网。

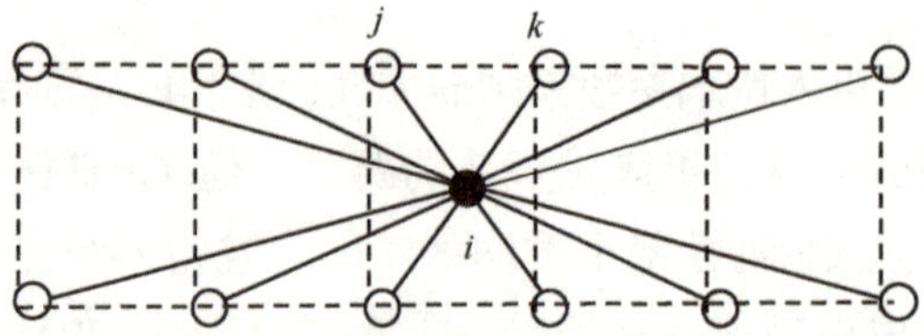

图 6.1　精密三角高程与精密水准混合观测示意图

精密水准观测数据可分为左侧纵向观测数据、右侧纵向观测数据、横向观测数据，它们各占 1/3。在联合平差中，可选取全部的精密三角高程观测数据与部分精密水准观测数据统一进行平差。

在测站点 i 对目标点 j 进行三角高程测量，设竖直角为 β_{ij}，斜距观测值为 s_{ij}，则可得三角高程观测值为

$$h_{ij} = s_{ij} \sin \beta_{ij} \tag{6.1}$$

设仪器中心高程最或然值为 y_i，目标点 j 高程最或然值为 x_j，则可得

$$h_{ij} = x_j - y_i + k_i \times d_{ij}^2 + \Delta_{ij} \tag{6.2}$$

式中，$h_{ij} = d_{ij} \times \tan(\alpha_{ij})$，$\Delta_{ij}$ 为三角高程观测值真误差，d_{ij} 为水平距离观测值，α_{ij} 为竖直角观测值，k_i 为 i 测站球气差系数。当目标点 j 为待求点时，可得误差方程为

$$v_{ij} = x_j - y_i + k_i \times d_{ij}^2 - h_{ij} \tag{6.3}$$

当目标点 j 为已知点，且高程为 H_j 时，可得误差方程为

$$v_{ij} = -y_i + k_i \times d_{ij}^2 - (h_{ij} - H_j) \tag{6.4}$$

所有精密三角高程观测值误差方程合并，写成矩阵形式为

$$\boldsymbol{V}_1 = \boldsymbol{B}_1 \boldsymbol{X} - \boldsymbol{l}_1 \tag{6.5}$$

观测值矩阵的权 $\boldsymbol{P}_1$ 如式（5.34）所示。

设在 j、k 之间进行精密水准观测，高差观测值为 h_{jk}，线路长为 s_{jk}，观测误差为 Δ_{jk}，则

$$h_{jk} + \Delta_{jk} = x_k - x_j \tag{6.6}$$

当 j、k 都为未知点时，误差方程为

$$v_{jk} = x_k - x_j - h_{jk} \tag{6.7}$$

当 j 点为未知点，k 点为已知点且高程为 H_k 时，误差方程为

$$v_{jk} = -x_j - (h_{jk} - H_k) \tag{6.8}$$

当 k 点为未知点，j 点为已知点且高程为 H_j 时，误差方程为

$$v_{jk} = x_k - (h_{jk} + H_j) \tag{6.9}$$

所有精密水准观测值误差方程合并，写成矩阵形式为

$$\boldsymbol{V}_2 = \boldsymbol{B}_2\boldsymbol{X} - \boldsymbol{l}_2 \tag{6.10}$$

观测值矩阵的权 $\boldsymbol{P}_2$ 如式（4.5）所示。

设有 n 个精密三角高程观测值，m 个精密水准观测值，则可分别写出 n、m 个误差方程，合并写成矩阵形式为

$$\boldsymbol{V} = \boldsymbol{BX} - \boldsymbol{l} \tag{6.11}$$

观测值权阵合并为 $\boldsymbol{P}$，依最小二乘法可得

$$\boldsymbol{X} = (\boldsymbol{B}^{\mathrm{T}}\boldsymbol{PB})^{-1}\boldsymbol{B}^{\mathrm{T}}\boldsymbol{Pl} \tag{6.12}$$

单位权中误差

$$m_0 = \pm\sqrt{\frac{\boldsymbol{V}^{\mathrm{T}}\boldsymbol{PV}}{m+n\text{-}t}} \tag{6.13}$$

式中，t 为待求参数个数。

协因数矩阵为 $\boldsymbol{Q} = (\boldsymbol{B}^{\mathrm{T}}\boldsymbol{PB})^{-1}$，则待求参数方差阵为

$$\boldsymbol{D} = m_0^{\ 2}\boldsymbol{Q} \tag{6.14}$$

6.2　联合平差初始定权

按照传统定权法，精密三角高程观测值 h_i 的权 $p_i = \dfrac{m_\alpha^2}{m_i^2}$，其中 m_α 为测角中误差标称精度，m_i 为精密三角高程中误差，且 $m_i^2 = (\sin(\alpha_i))^2 m_s^2 + (s_i \times \cos(\alpha_i))^2 \dfrac{m_\alpha^2}{\rho^2}$（$\rho = 206265$），其中 α_i、s_i 分别为竖直角、斜距，m_s 为测距标称精度。精密水准观测值 h_j 的权 $p_j = \dfrac{1}{s_j}$，其中 s_j 为该观测值线路长度[87]。显然，这是两种不同的定权规则，在同类型观测值组成的控制网数据处理中得以广泛应用，但对于精密三角高程和精密水准联合平差问题，尚未见相关文献对此有过系统的讨论。

下面提出三种初始定权方案，并采用赫尔默特方差估计法确定两种类型观测值之间的权比关系。

1．标称精度-距离定权法

精密三角高程观测值按照标称精度定权，而精密水准观测值依然按照距离来定权，即

精密三角高程观测值权 $p_i=\dfrac{m_\alpha^2}{m_i^2}$，其中 $i=1,2,\cdots,n$。精密水准观测值权 $p_j=\dfrac{1}{s_j}$，其中 $j=1,2,\cdots,m$。

2．标称精度定权法-标称精度定权法

精密三角高程观测值和精密水准观测值都采用标称精度来定权，即精密三角高程观测值权 $p_i=\dfrac{m_\alpha^2}{m_i^2}$，其中 $i=1,2,\cdots,n$。精密水准观测值权 $p_j=\dfrac{m_\alpha^2}{m_j^2}$，其中 $j=1,2,\cdots,m$，式中 $m_j=s_j\times m_h$，m_h 为每千米水准观测中误差，是精密水准仪标称精度的 $\sqrt{2}$ 倍。

3．距离定权法-距离定权法

精密三角高程观测值和精密水准观测值都按照距离进行定权。由于CPⅢ控制网在线下工程完工以后还要进行外业观测，因此观测目标竖直角不会超过 3°，且大多都在 2° 以下，因此距离观测误差影响相对于竖直角误差影响完全可以忽略不计，则

$$m_i^2=(\sin(\alpha_i))^2 m_s^2+(s_i\times\cos(\alpha_i))^2\frac{m_\alpha^2}{\rho^2}\approx(s_i\times\cos(\alpha_i))^2\frac{m_\alpha^2}{\rho^2} \tag{6.15}$$

即

$$m_i=s_i\times\cos(\alpha_i)\frac{m_\alpha}{\rho}=s_i\times\cos(\alpha_i)\frac{m_\alpha}{\rho} \tag{6.16}$$

式中，$\rho=206265$。

令 $\mu_0=\dfrac{m_\alpha}{\rho}$，水平距离 $d_i=s_i\times\cos(\alpha_i)$，则

$$m_i=\mu_0 d_i \tag{6.17}$$

由此可知，CPⅢ精密三角高程观测值中误差与观测目标水平距离成正比，显然，我们可以把CPⅢ精密三角高程观测值当作一种特殊的精密水准观测值，则

$$p_i=\frac{1}{d_i} \tag{6.18}$$

精密三角观测值和精密水准观测值权阵的初始比值可通过标称精度来确定。

三种初始定权方案到底哪一种更适合 CPⅢ精密三角高程观测值和精密水准观测值的联合平差，还需要通过实测数据进行实验分析。

6.3　赫尔默特方差估计法定权

理论上，由于精密三角高程观测值和精密水准观测值是相互独立的，因此精密水准观测值的加入不会影响到原 CPⅢ精密三角高程控制网观测值的权。但是，精密水准观测值和精密三角高程观测值之间的权比关系则需要通过赫尔默特方差估计法来确定。

设精密三角高程观测值和精密水准观测值的单位权方差分别为 δ_1^2、δ_2^2，令 $\boldsymbol{\theta}=[\delta_1^2 \quad \delta_2^2]^{\mathrm{T}}$，则依赫尔默特方差估计法[25]可得

$$\boldsymbol{\theta}=\boldsymbol{S}^{-1}\boldsymbol{W}$$

式中，

$$\boldsymbol{S}=\begin{bmatrix} n_1-2\mathrm{tr}(\boldsymbol{N}^{-1}\boldsymbol{N}_1)+\mathrm{tr}(\boldsymbol{N}^{-1}\boldsymbol{N}_1)^{\wedge 2} & \mathrm{tr}(\boldsymbol{N}^{-1}\boldsymbol{N}_1\boldsymbol{N}^{-1}\boldsymbol{N}_2) \\ \mathrm{tr}(\boldsymbol{N}^{-1}\boldsymbol{N}_1\boldsymbol{N}^{-1}\boldsymbol{N}_2) & n_2-2\mathrm{tr}(\boldsymbol{N}^{-1}\boldsymbol{N}_2)+\mathrm{tr}(\boldsymbol{N}^{-1}\boldsymbol{N}_2)^{\wedge 2} \end{bmatrix},$$

$$\boldsymbol{W}=\begin{bmatrix} \boldsymbol{V}_1^{\mathrm{T}}\boldsymbol{P}_1\boldsymbol{V}_1 \\ \boldsymbol{V}_2^{\mathrm{T}}\boldsymbol{P}_2\boldsymbol{V}_2 \end{bmatrix}$$

$\boldsymbol{N}_1=\boldsymbol{B}_1^{\mathrm{T}}\boldsymbol{P}_1\boldsymbol{B}_1$，$\boldsymbol{N}_2=\boldsymbol{B}_2^{\mathrm{T}}\boldsymbol{P}_2\boldsymbol{B}_2$，$\boldsymbol{N}=\boldsymbol{B}^{\mathrm{T}}\boldsymbol{P}\boldsymbol{B}$，$n_1$、$n_2$ 分别为精密三角高程观测值和精密水准观测值个数。

再次定权可得

$$\boldsymbol{P}_1=\frac{\delta_1^2}{\delta_1^2\boldsymbol{P}_1^{-1}},\quad \boldsymbol{P}_2=\frac{\delta_1^2}{\delta_2^2\boldsymbol{P}_2^{-1}}$$

利用新确定的权矩阵重新进行参数估计。重复上述过程，直至 $\delta_1^2=\delta_2^2$ 或者其比值为 1 时停止。

6.4　联合平差数据处理流程

联合平差数据处理流程图如图 6.2 所示。先进行 CPⅢ精密三角高程控制网的数据处理，再导入精密水准观测值，建立联合观测值误差方程，进行数据处理。

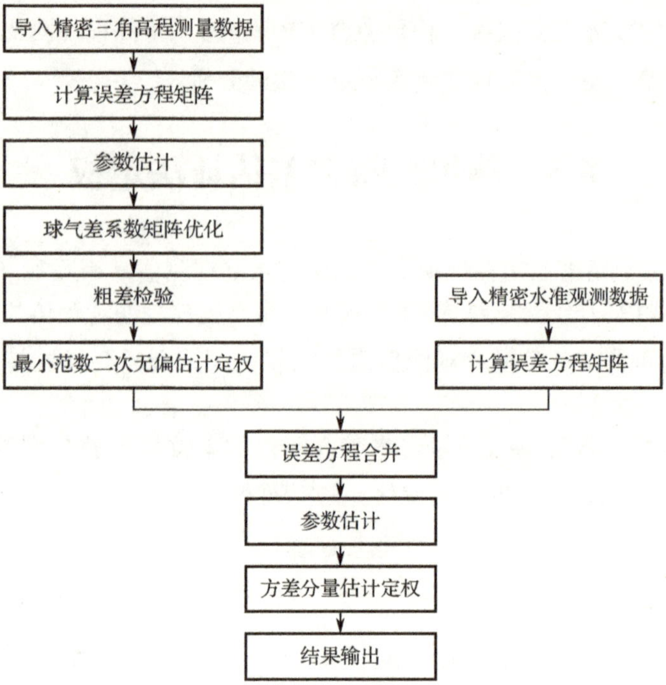

图 6.2　联合平差数据处理流程图

6.5　实测数据解算实验

某 CPⅢ控制网全长 10km，分别利用测量机器人和电子精密水准仪进行了观测，其中精密三角高程测量 103 站，获得 1261 个观测值（有少量加密点）；精密水准观测值共 604 个。现以该线路为例，对 CPⅢ精密水准网、CPⅢ精密三角高程控制网、精密水准和精密水准联合 CPⅢ精密高程控制网解算精度进行对比分析。

1. CPⅢ精密水准网平差实验

图 6.3、图 6.4 及图 6.5 分别为 CPⅢ精密水准网残差图、CPⅢ精密水准网高程中误差曲线图、CPⅢ精密水准网相邻点高差中误差曲线图。

由图 6.3 可以看出，精密水准观测值残差大多为（−0.15～0.15）mm，由此可以看出，精密水准观测值残差非常小。由图 6.4 和图 6.5 可知，CPⅢ高程中误差小于±0.3mm，相邻 CPⅢ点间高差中误差小于±0.12mm，显然，CPⅢ精密水准网达到了很高的精度。

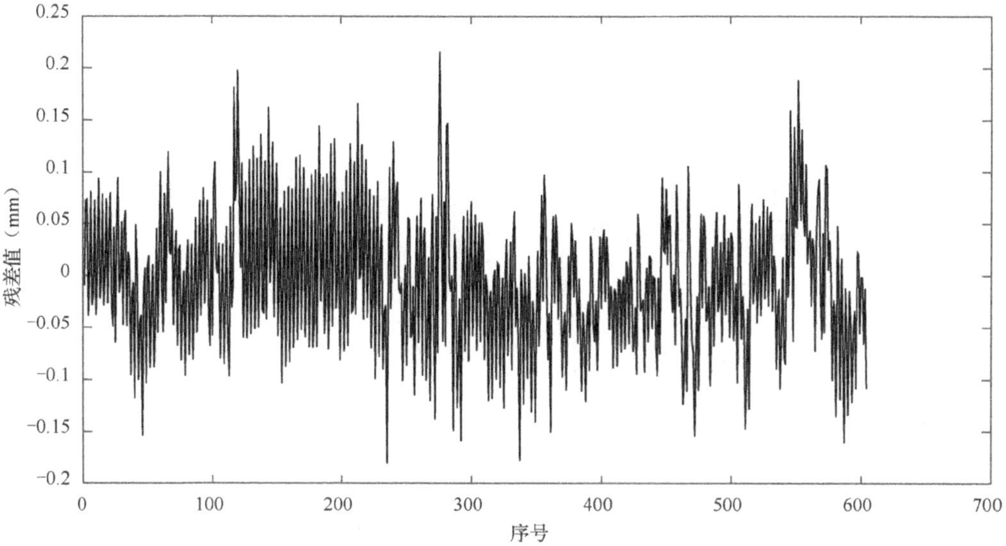

图 6.3　CPⅢ精密水准网残差图

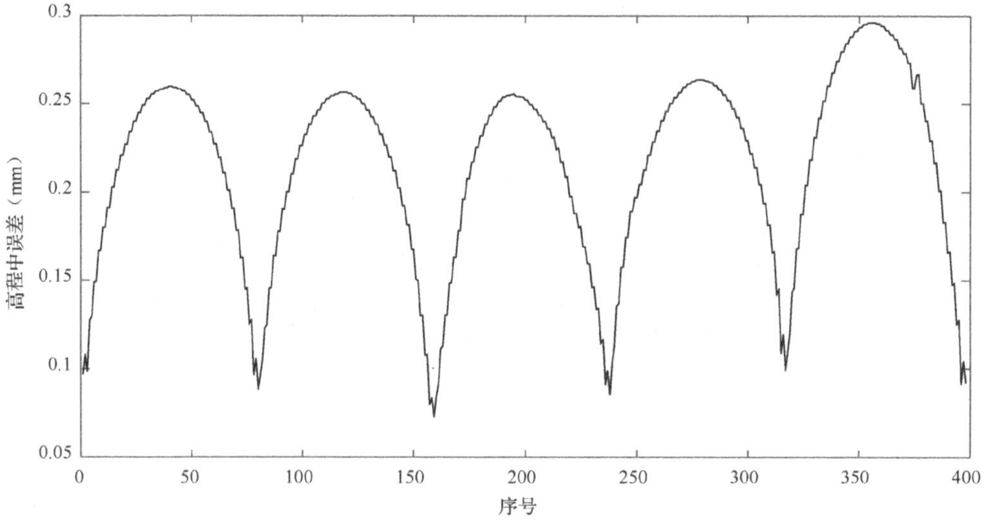

图 6.4　CPⅢ精密水准网高程中误差曲线图

2. CPⅢ精密三角高程控制网平差实验

图 6.6、图 6.7 及图 6.8 分别为 CPⅢ精密三角高程控制网残差图、CPⅢ精密三角高程控制网高程中误差曲线图、CPⅢ精密三角高程控制网相邻点高差中误差曲线图。

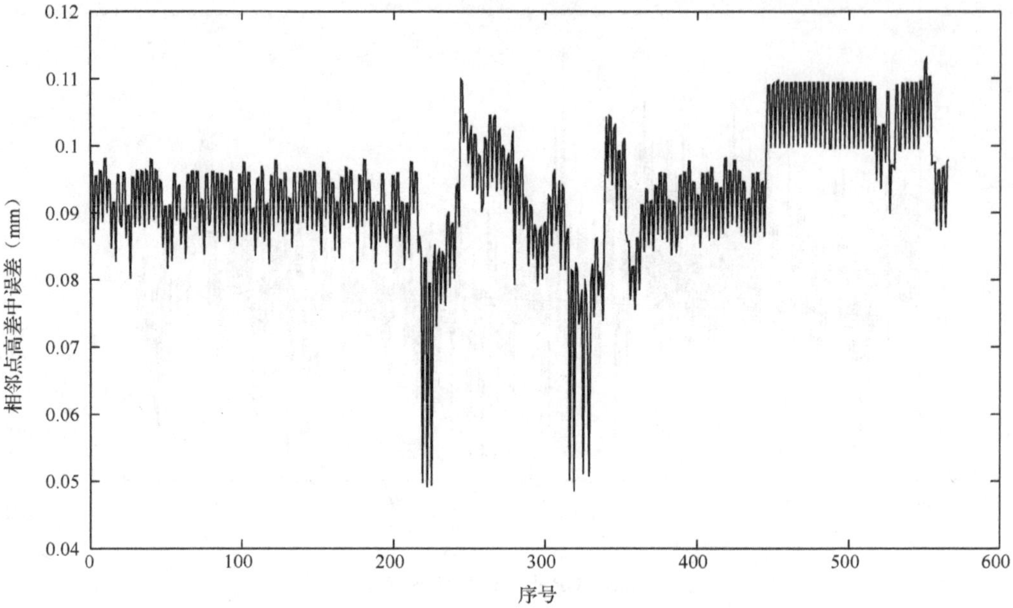

图 6.5　CPⅢ精密水准网相邻点高差中误差曲线图

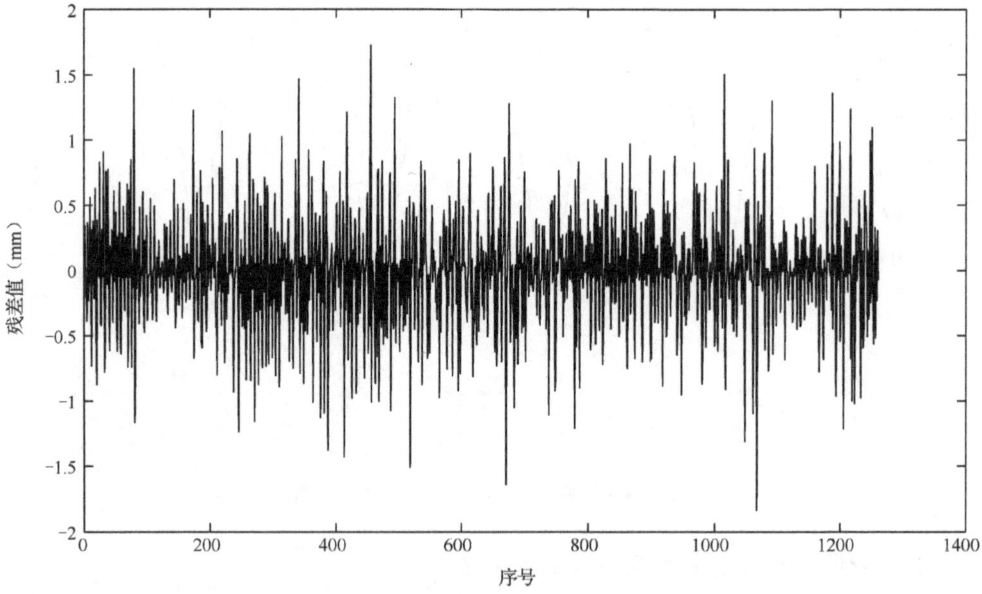

图 6.6　CPⅢ精密三角高程控制网残差图

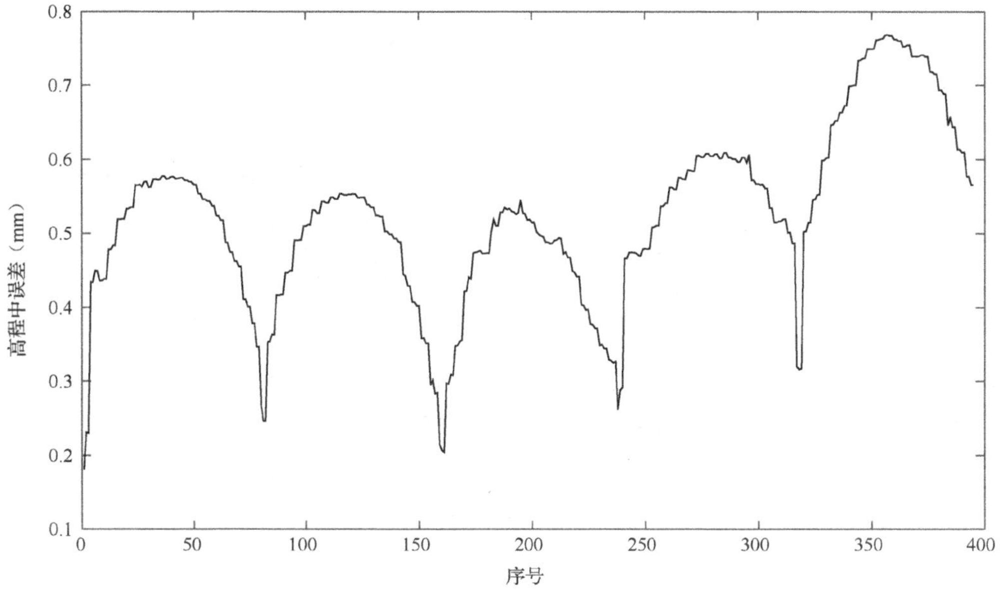

图 6.7　CPⅢ精密三角高程网高程中误差曲线图

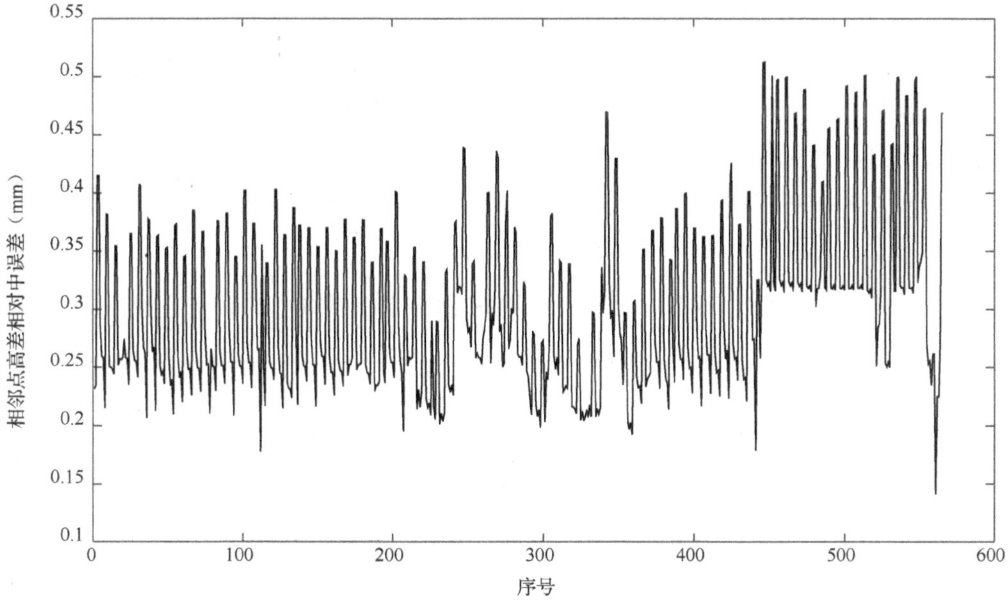

图 6.8　CPⅢ精密三角高程控制网相邻点高差中误差曲线图

独立平差过程中共剔除粗差观测值 7 个。由图 6.6 可以看出，精密三角高程观测值残差大多为（-1.5～1.5）mm，由此可以看出，精密三角高程观测值精度远低于精密水准观测值精度。由图 6.7 和图 6.8 可知，CPⅢ精密三角高程控制网相邻点的高程中误差小于 0.77mm，相邻点间高差中误差最大值为 0.51mm，有 4 段相邻点高差的中误差超出规范限差要求。

虽然精密水准观测值精度远远高于精密三角高程观测值精度，但是精密三角高程观测值数量大，而且网形强度非常好，因此最终平差精度相差并不是特别悬殊。

3. 精密水准观测值参与下的 CPⅢ精密三角高程控制网联合平差实验

可采用 5 个方案，方案 1 用于检验不同初始权对联合平差精度的影响；方案 2 选取全部精密水准观测值，主要检测全部精密水准观测值参与下的 CPⅢ精密三角高程控制网所能达到的精度；方案 3 选取全部纵向分布精密水准观测值；方案 4 选取全部横向精密水准观测值，这两种方案用于优选精密水准观测值参与联合平差的最佳方案；方案 5 采用矩形环的方式在 CPⅢ精密三角高程控制网中插入精密水准观测值，该方案用于检验精密水准观测值构成的检核条件数对严密定权的影响。

方案 1：不同初始权联合平差精度对比实验

本方案选用三组精密水准观测数据，采用不同初始权进行联合平差，并将平差所得 CPⅢ点高程及相邻 CPⅢ点高差值与 CPⅢ精密水准网进行比较，取其差值平方和作为对比，结果如表 6.1 所示。

采用严密定权，则标称精度-距离定权法精度最差，而距离定权法和标称精度定权法精度相近；不采用严密定权，则标称精度-距离定权法精度最差，距离定权法精度最好，而标称精度定权法精度次之。

通过实验也可以看出，在精密水准观测数据减少的情况下， 严密定权精度降低，反而不如依据标称精度指标确定的权比关系。

表 6.1 不同初始定权对平差结果的影响

单位：mm

数据源	严密定权类别 \ 定权方式 / 比较类别	距离定权法		标称精度-距离定权法		标称精度定权法	
		Σ高程差	Σ高程差	Σ高程差	Σ高程差	Σ高程差	Σ高程差
全部水准数据	严密定权	7.2	2.3	147.0	245.0	6.2	2.7
	非严密定权	7.8	3.4	239.0	511.0	7.9	1.9
全部纵向水准数据	严密定权	134.0	245.0	186.0	345.0	184.0	354.0
	非严密定权	21.0	26.5	239.0	511.0	250.0	200.0
全部横向观测数据	严密定权	228.0	398.0	219.0	456.0	221.0	458.0
	非严密定权	203.0	210.0	239.0	511.0	149.0	213.0

方案 2：全部水准观测值参与联合平差

本方案选取 CPⅢ精密水准网中的所有观测值（共 604 个）与 CPⅢ精密三角高程控制网进行联合平差。图 6.9、图 6.10 及图 6.11 分别为 CPⅢ精密三角高程控制网联合平差残差图、CPⅢ精密三角高程控制网联合平差各点中误差曲线图、CPⅢ精密三角高程控制网联合平差相邻点高差中误差曲线图。图 6.12 和图 6.13 分别为联合平差所得高程、高差与 CPⅢ精密水准网平差结果的对比曲线。

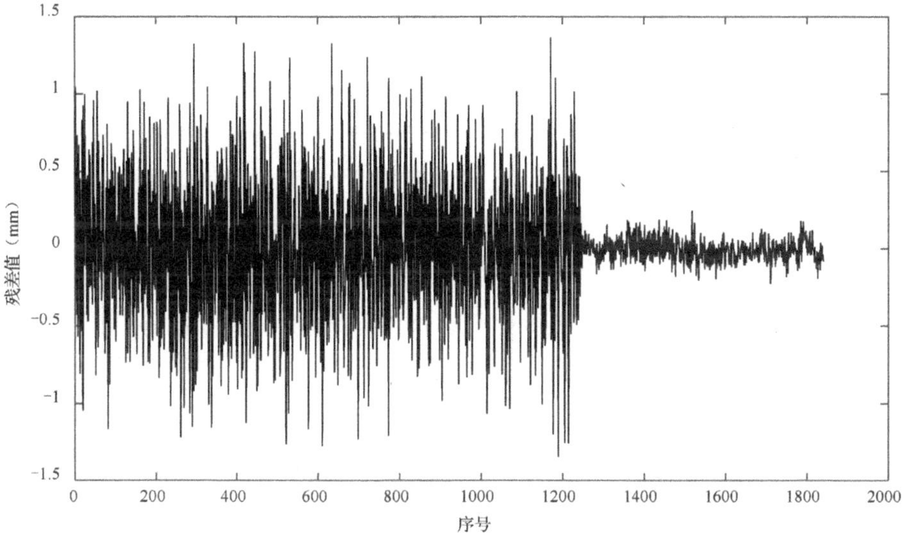

图 6.9　CPⅢ精密三角高程控制网联合平差残差图

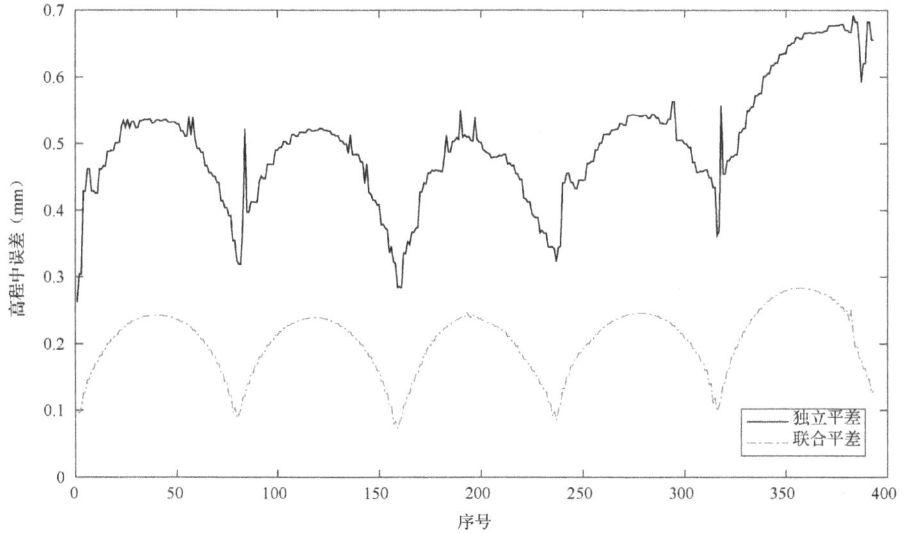

图 6.10　CPⅢ精密三角高程控制网联合平差各点中误差曲线图

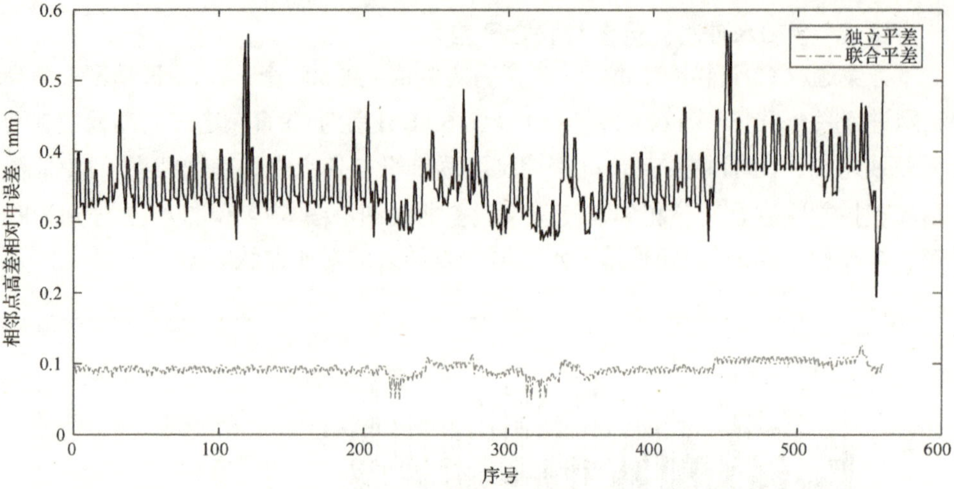

图 6.11　CPⅢ精密三角高程控制网联合平差相邻点高差中误差曲线图

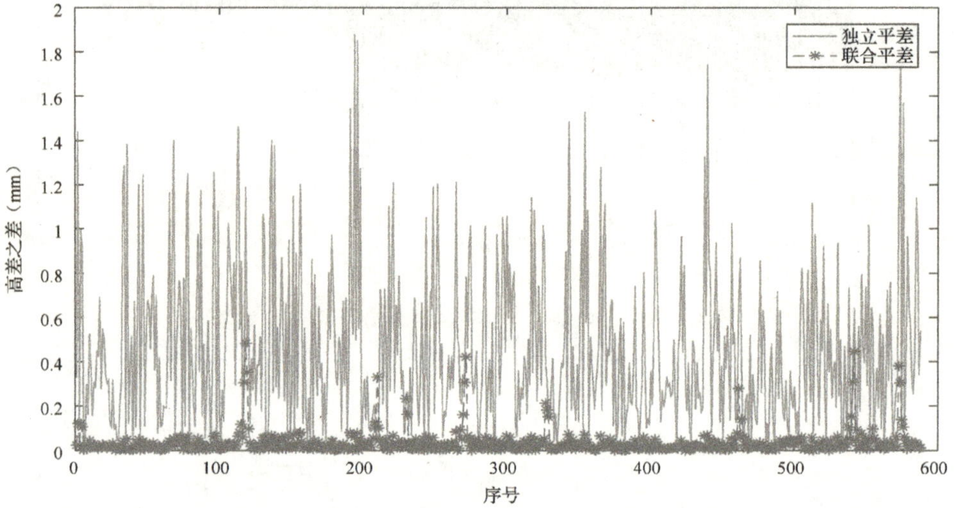

图 6.12　CPⅢ精密三角高程控制网与 CPⅢ精密水准网解算高差对比曲线图

联合平差过程中剔除粗差观测值 20 个。从图 6.9 可以看出，精密三角高程观测值残差仍然为（−1.5～1.5）mm，但精密三角高程观测值和精密水准观测值之间残差的对比是非常明显的。由图 6.10 和图 6.11 可知，加入精密水准观测值后，CPⅢ精密三角高程控制网点的高程中误差小于 0.30mm，相邻点间高差中误差大部分小于 0.1mm，精度比 CPⅢ精密三角高程控制网独立平差结果有明显的改变。但从 CPⅢ精密水准控制网的角度观察，全部精密三角高程观测值的加入对其精度影响是非常有限的，由此可以看出，CPⅢ精密三角高程控制网和 CPⅢ精密水准网的联合平差，最终精度是两者的交集，而不是并集，精密三角高程观测值的作用几乎为零。

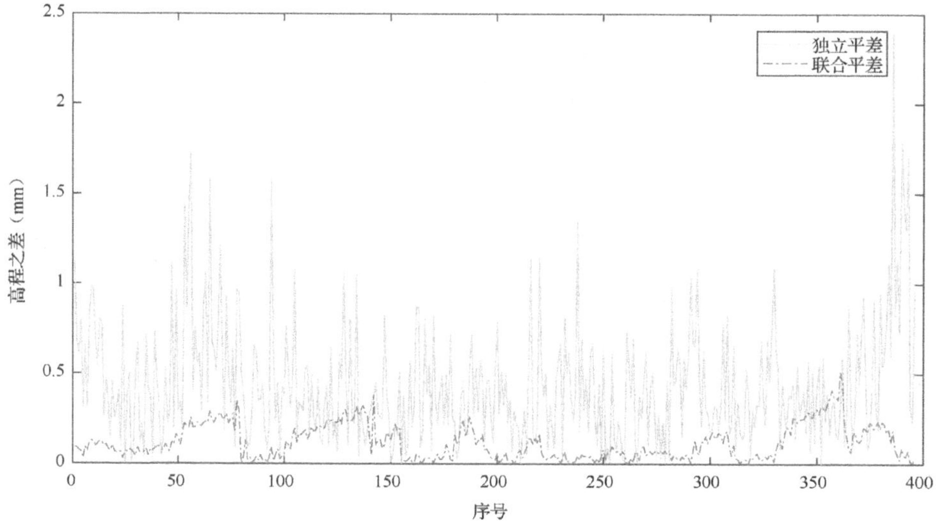

图 6.13　CPⅢ精密三角高程控制网与 CPⅢ精密水准网解算高程对比曲线图

方案 3：选择线路左右两侧纵向水准观测值参与联合平差

本方案选取 CPⅢ精密水准网中左右两侧所有观测值与 CPⅢ精密三角高程网进行联合平差。图 6.14～图 6.18 分别为 CPⅢ精密三角高程网联合平差残差图、CPⅢ精密三角高程网联合平差各点中误差曲线图、CPⅢ精密三角高程网联合平差相邻点高差中误差曲线图、CPⅢ精密三角高程网与 CPⅢ精密水准网解算高差对比曲线图、CPⅢ精密三角高程网与 CPⅢ精密水准网解算高程对比曲线图。

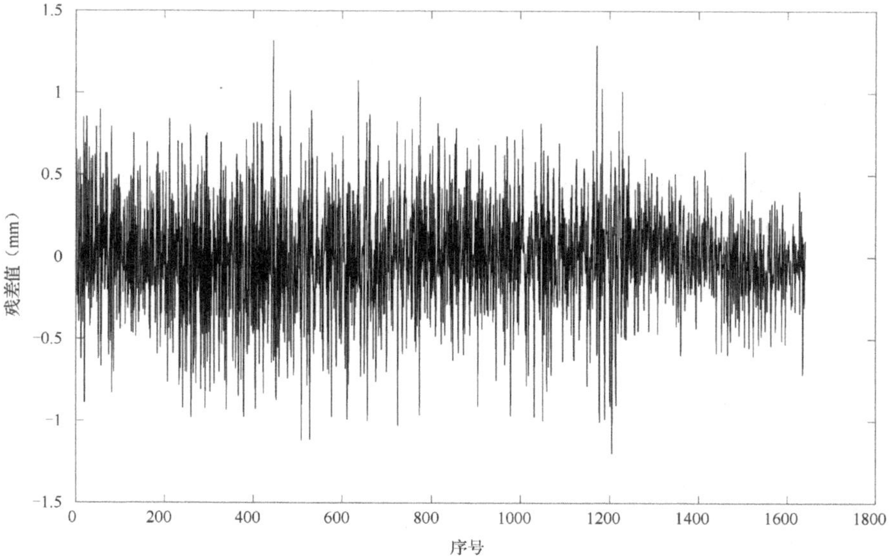

图 6.14　CPⅢ精密三角高程网联合平差残差图

从图 6.14 可以看出，精密水准观测残差值略低于精密三角高程残差值，但依然没有准确反映出两类观测值实际精度的差异。

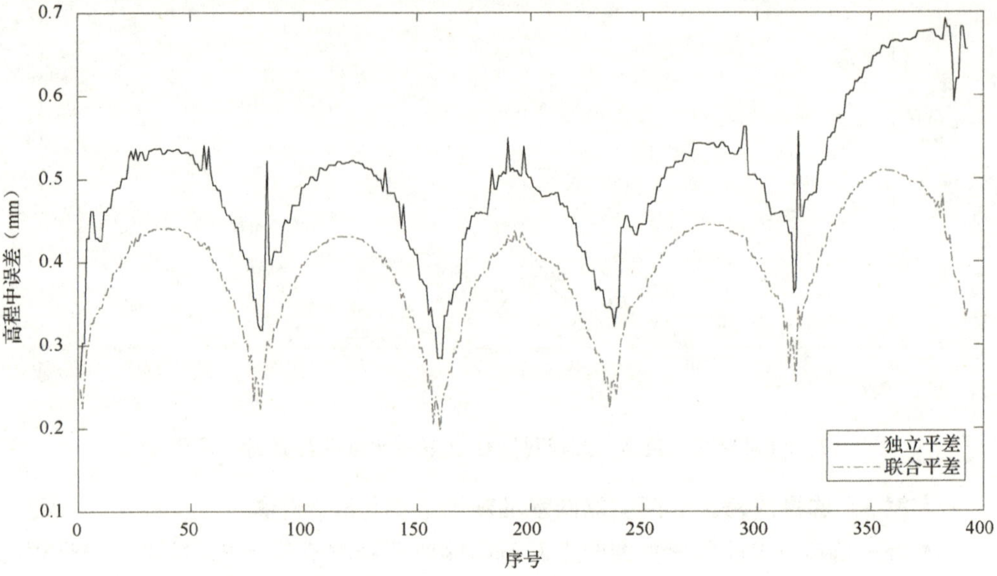

图 6.15　CPⅢ精密三角高程网联合平差各点中误差曲线图

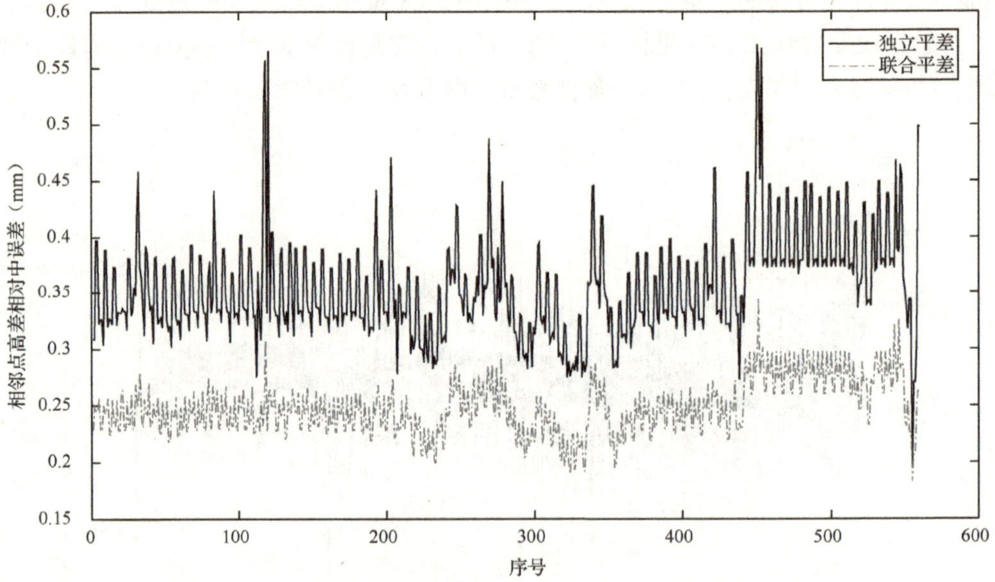

图 6.16　CPⅢ精密三角高程网联合平差相邻点高差中误差曲线图

从图 6.15 和图 6.16 可以看出，CPⅢ点高程精度和相邻 CPⅢ点高差精度，都比独立平差结果有明显的提高。

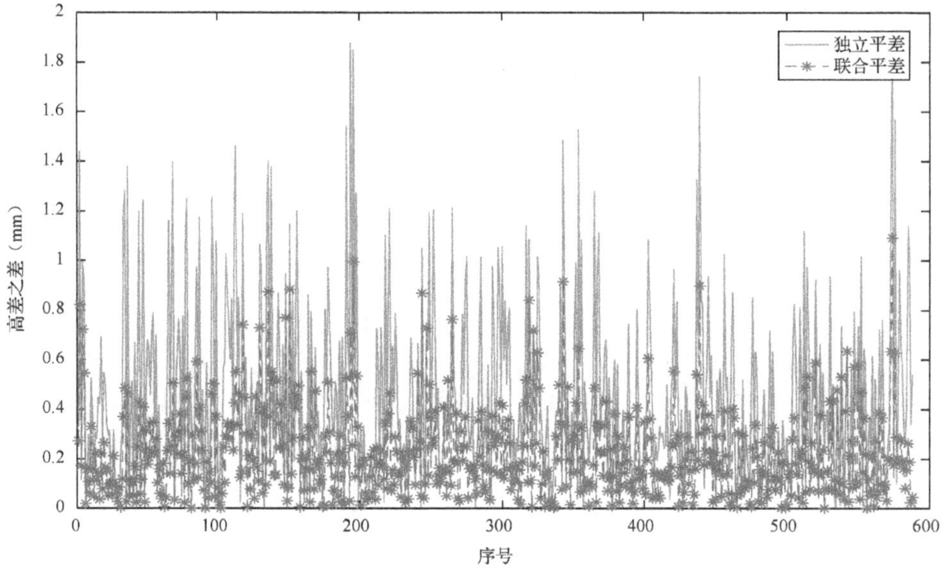

图 6.17　CPⅢ精密三角高程网与 CPⅢ精密水准网解算高差对比曲线图

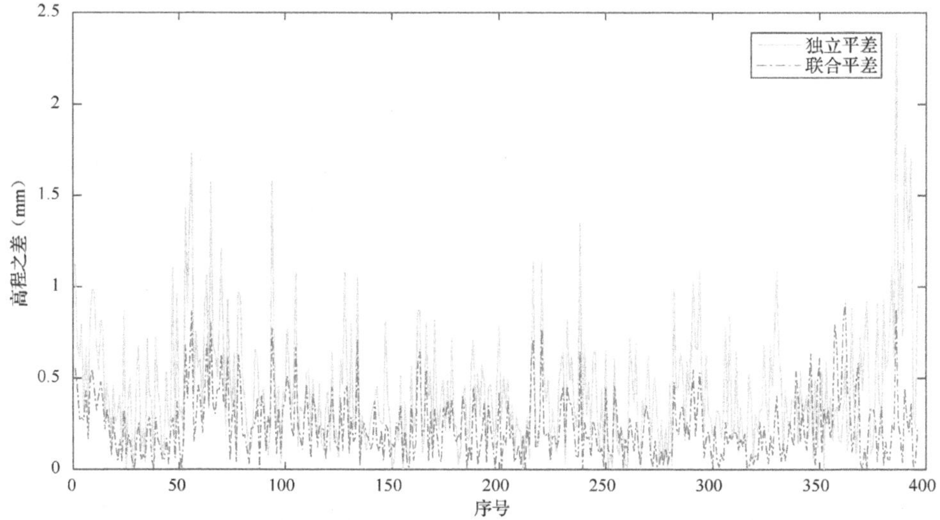

图 6.18　CPⅢ精密三角高程网与 CPⅢ精密水准网解算高程对比曲线图

通过图 6.17 和图 6.18 可知，联合平差后 CPⅢ点高程和相邻 CPⅢ点高差，都比独立平差结果更接近于 CPⅢ精密水准测量成果。

方案 4：选择线路中全部横向水准观测值参与

本方案选取 CPⅢ精密水准网中线路横向所有观测值（共 200 个观测值）与 CPⅢ精密三角高程网进行联合平差。图 6.19～图 6.23 分别为 CPⅢ精密三角高程网联合平差残差图、精密三角高程网联合平差相邻点高差中误差曲线图、CPⅢ精密三角高程网联合平差各点中误差曲线图、CPⅢ精密三角高程网与CPⅢ精密水准网解算高程对比曲线图、CPⅢ精密三角高程网与CPⅢ精密水准网解算高差对比曲线图。

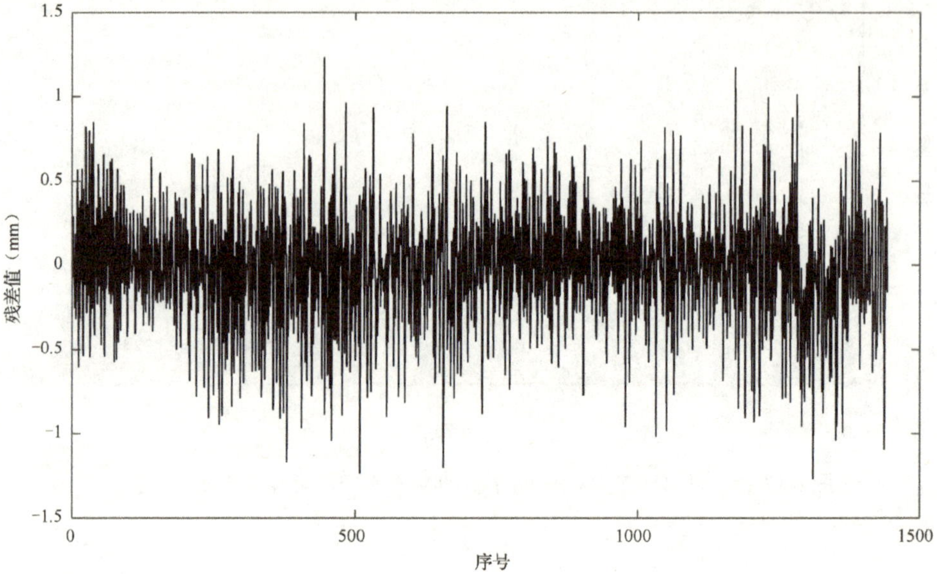

图 6.19　CPⅢ精密三角高程网联合平差残差图

从图 6.19 可以看出，联合平差后的残差图并没有反映出精密水准观测值和精密三角高程观测值精度的差异性，显然，严密定权结果是失败的。

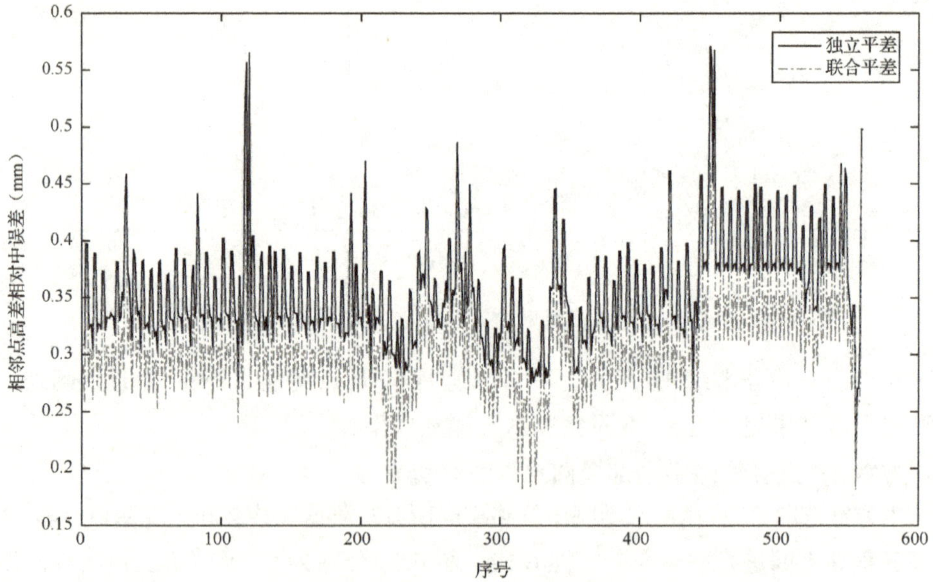

图 6.20　CPⅢ精密三角高程网联合平差相邻点高差中误差曲线图

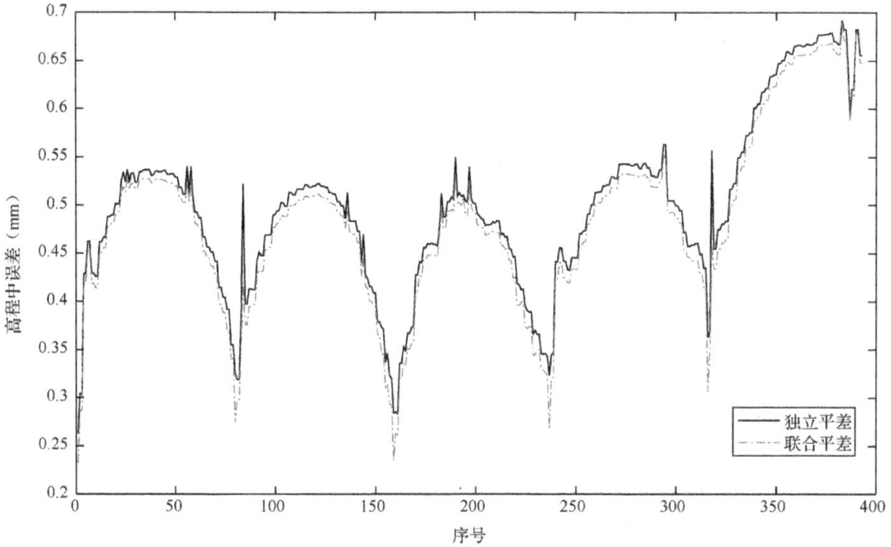

图 6.21　CPⅢ精密三角高程网联合平差各点中误差曲线图

从图 6.20 和图 6.21 可以看出，横向精密水准观测值的加入，使相邻 CPⅢ点间高差精度略有提升，尤其是独立平差结果中超限的部分都降到限差以内；但 CPⅢ点高程精度基本没有显著变化。

再观察图 6.22 和图 6.23，联合平差后，CPⅢ点高程较独立平差更接近于 CPⅢ精密水准网成果。大多数相邻 CPⅢ点高差更接近于 CPⅢ精密水准网成果。

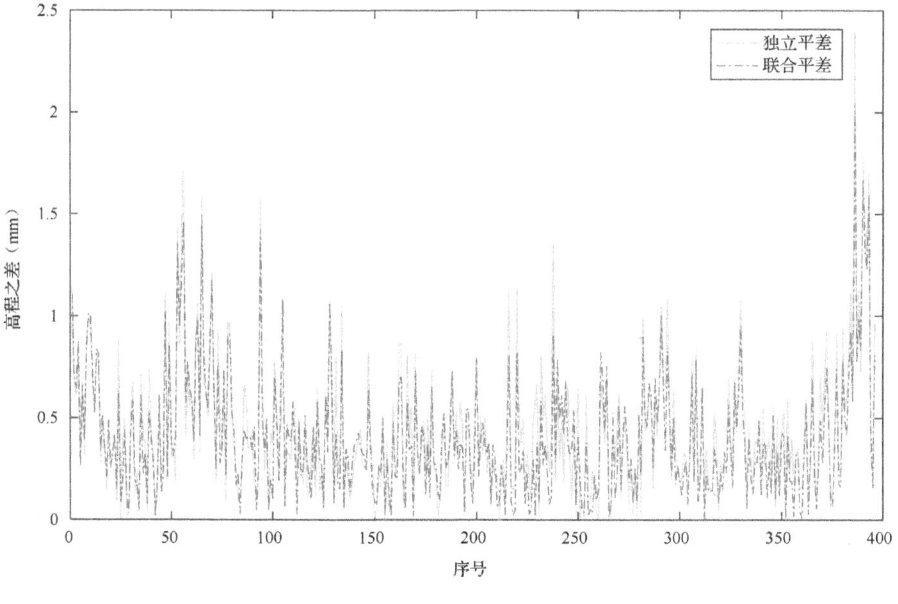

图 6.22　CPⅢ精密三角高程网与 CPⅢ精密水准网解算高程对比曲线图

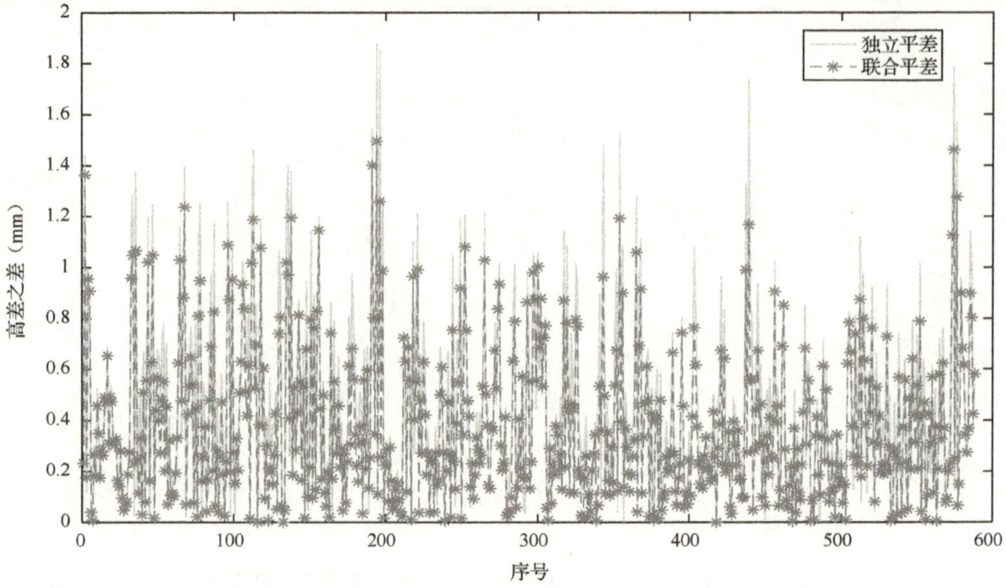

图 6.23 CPⅢ精密三角高程网与 CPⅢ精密水准网解算高差对比曲线图

鉴于严密平差未能准确反映精密水准观测值和精密三角高程观测值之间的精度差异，用仪器标称精度代替严密平差确定两种观测值权阵之间的比值关系。实践证明，其定权效果反而更优于赫尔默特方差估计。由此可见，在此方案中，严密定权完全失效。

方案 5：在 CPⅢ精密三角高程网中等间距插入水准观测值构成的矩形环

在以上实验方案中，除了方案 2，其余各种方案中精密水准观测值构成的检核条件非常少，因此本方案采用矩形环的方式加入 196 个精密水准观测值，也即 49 个矩形环。图 6.24～图 6.28 分别为 CPⅢ精密三角高程网联合平差残差图、CPⅢ精密三角高程网联合平差各点中误差曲线图、CPⅢ精密三角高程网联合平差相邻点高差中误差曲线图、CPⅢ精密三角高程网与 CPⅢ精密水准网解算高差对比曲线图、CPⅢ精密三角高程网与 CPⅢ精密水准网解算高程对比曲线图。

从图 6.24 可以看出，精密水准观测值残差远远小于精密三角高程值残差，这与两控制网独立平差结果相符。与方案 2 和方案 3 比较，该方案虽然观测值数量最少，但通过严密定权，能够准确确定两类观测值之间的权比关系，显然，这是由于精密水准观测值矩形环形成的检核条件发挥了关键作用。在实验中发现，持续减少矩形环的个数，直至 10 个矩形环，通过严密平差依然能够较为精确地确定两类观测值之间的权比关系。

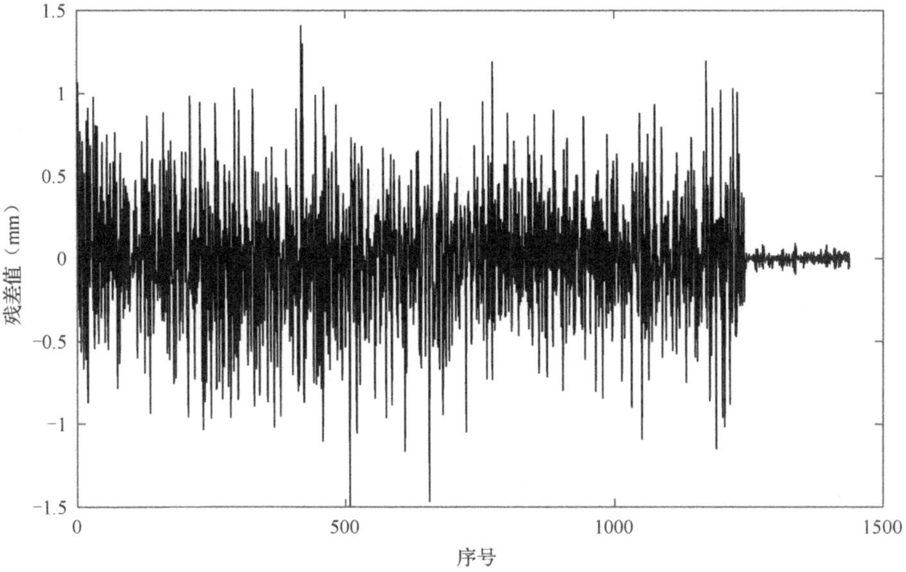

图 6.24　CPⅢ精密三角高程网联合平差残差图

然而从图 6.25 可知，各 CPⅢ点高程精度略有下降。观察图 6.26 发现，少量相邻 CPⅢ点高差精度略有降低，而有一半的相邻 CPⅢ点高差精度有很明显的改善。究其原因，在于矩形环的加入使 CPⅢ精密三角高程控制网强度分布不均匀所致。

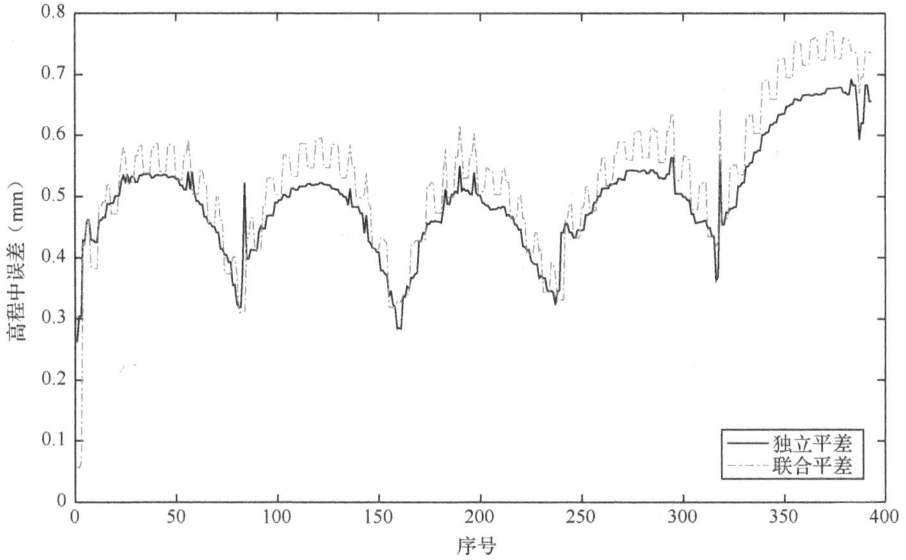

图 6.25　CPⅢ精密三角高程网联合平差各点中误差曲线图

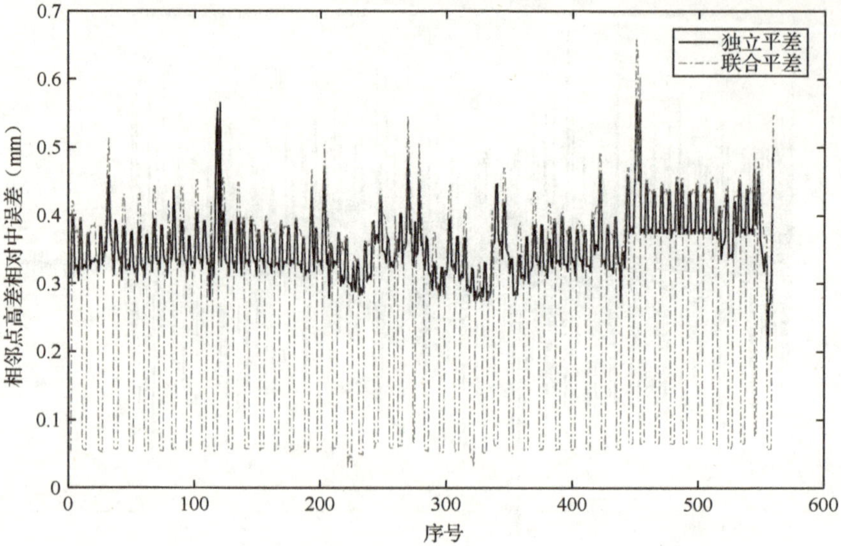

图 6.26　CPⅢ精密三角高程网联合平差相邻点高差中误差曲线图

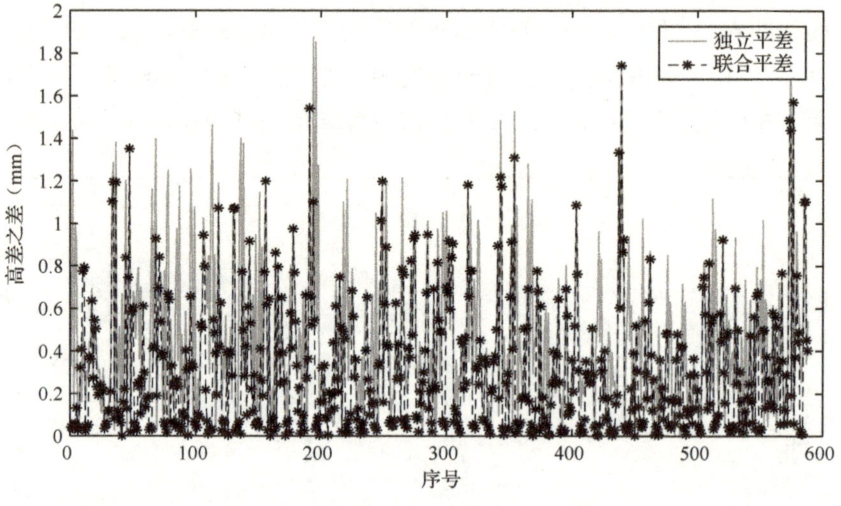

图 6.27　CPⅢ精密三角高程网与 CPⅢ精密水准网解算高差对比曲线图

从图 6.27 和图 6.28 可以看出，联合平差后，CPⅢ点高程及相邻 CPⅢ点之间的高差都比独立平差更接近于 CPⅢ精密水准网平差成果。图 6.26 和图 6.28 反映的信息相矛盾，这说明联合平差后所得 CPⅢ点高程精度比实际要偏低。

对比以上几个方案的实验结果，随着精密水准观测值数量的减少，利用赫尔默特方差分量估计的精密三角高程观测值权阵和精密水准观测值权阵之间的权比关系逐渐偏离实际值。

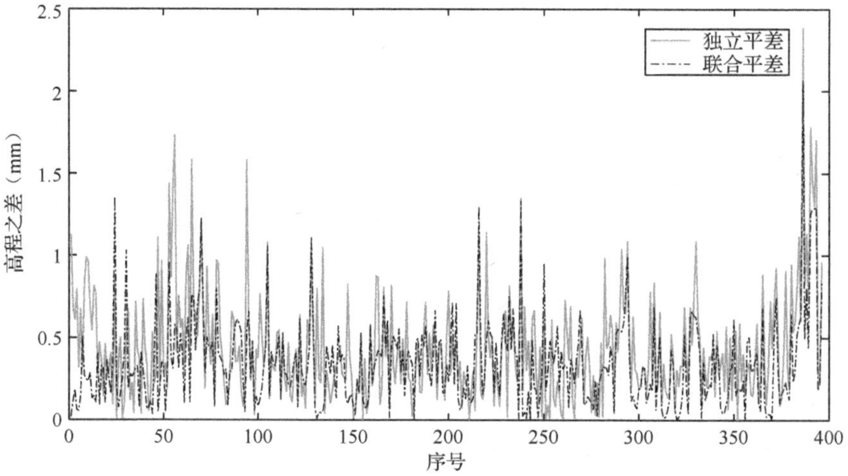

图 6.28　CPⅢ精密三角高程网与 CPⅢ精密水准网解算高程对比曲线图

对比方案 5 实验结果，尽管精密水准观测值数量少，但只要保证足够的检核条件，依然能保证定权的准确性，然而矩形环的加入又破坏了 CPⅢ控制网强度分布的均匀性。

6.6　本章小结

水准测量效率低，但其精度远高于精密三角高程观测值。本章在 CPⅢ精密三角高程控制网中引入部分精密水准观测值进行联合平差，以提高其强度和可靠性。实验结论如下：

（1）在联合平差方案中，加入全部纵向精密水准观测值，可有效提升 CPⅢ精密三角高程控制网的精度，比单独建立 CPⅢ精密水准网工作量减少了 1/3，显然该方案是可行的。

（2）针对 CPⅢ精密三角高程控制网外业观测时视线接近水平的特点，提出了三种初始定权方案，通过实验发现：先验精度-距离定权法精度差，不宜使用；距离定权法和先验精度定权法各有优势，距离定权法可使 CPⅢ相邻点间精度更高，CPⅢ点高程精度略低，而先验定权法解算结果正好相反。鉴于在 CPⅢ精密三角高程测量中，相邻点间高差中误差超限情况出现居多，因此推荐使用距离定权法。在 CPⅢ精密三角高程控制网独立平差中，这两种定权方式解算结果差异很小，因此两种定权法都可以使用。

（3）由于涉及精密三角高程和精密水准两种不同类型的观测值，因此两种观测值权阵之间的比值关系需要采用赫尔默特方差分量估计法进行。文献[88]认为“要使各类观测值的方差分量估值具有相等的可靠度，在进行方差分量估计时，应尽可能地使各类观测值的多余观测分量大体保持相等”。

通过大量实验发现，当参与联合平差的精密水准观测值数量降为 CPⅢ精密水准网总观测值数量的 1/3 时，联合平差中严密定权结果不宜采用。但当精密水准观测数据以矩形环的方式加入 CPⅢ精密三角高程控制网后，即使采用少量的矩形环，譬如 10 个独立的矩形环，严密定权依然能够准确地反映出两类观测值之间的精度对比关系，由此可知，检核条件（闭合或者附合）的数量是影响赫尔墨特方差估计法结果的一个关键因素。然而以矩形环的方式在 CPⅢ精密三角高程控制网中引入精密水准观测值，除非引入全部精密水准观测值，否则会导致 CPⅢ精密三角高程控制网强度分布极不均匀，反而影响最终解算精度的评定。

第 7 章　CPⅢ三维控制网平差

目前，在各类工程的建设当中，GNSS 技术发挥着巨大的作用，譬如高速铁路 CP0、CPⅠ和 CPⅡ控制网的建立。虽然 GNSS 技术本身是在地心三维基准下进行定位的，但在工程建设当中，其主要用于平面控制网的建立，而高程控制网主要采用精密水准测量建立。在长线工程中，这种模式会带来两类问题，其一，高程控制测量工作强度大、耗时费力；其二，平面控制测量存在频繁的换带计算、投影变形及各段之间的搭接等问题[89~93]。在高速铁路建设中，对测量精度的高标准使上述问题更加突出化。显然，要解决以上问题，建立三维控制网并在三维基准下进行轨道精调是一种比较好的选择。

文献[94～95]介绍了一种 CPⅢ三维控制网平差模型，将方向观测值、竖直角及斜距观测值与地心三维坐标联系起来。但该方法未考虑大气折光的影响，也未进一步研究如何在三维坐标系下进行线路轨道精调测量的问题。

本章将 CPⅢ平面控制网和 CPⅢ精密三角高程控制网融合，基于测站坐标系和地心坐标系之间的转换关系（布尔萨模型）提出了新的 CPⅢ三维控制网平差模型。该模型利用每测站的方向观测值、距离观测值和竖直角观测值形成测站坐标观测值，以各点在地心三维坐标系下的坐标值及每测站三个平移参数、三个旋转角度、一个尺度因子和一个球气差系数作为待求参数。CPⅢ三维控制网的构建可在运营阶段进一步舍掉线路水准基点控制网（只需建立较低等级的高程控制网，满足线下工程即可），因此可大幅提高高速铁路控制网外业测量的效率。

CPⅢ三维控制网平差模型同样可以用于轨道精调，此时 CPⅢ点地心三维坐标已知，因此可获得测站三维直角坐标系与地心地固三维直角坐标系之间的转换关系及当前测站的球气差系数，据此将线路中线点地心三维坐标转换至当前测站坐标系下，再进行轨道精调测量。由于本书主要讨论的是 CPⅢ控制网数据处理方法，因此在三维基准下进行轨道精调测量的细节不再详细讨论。下面重点介绍 CPⅢ三维控制网平差方法。

7.1　CPⅢ三维控制网平差函数模型

图 7.1 所示为某 CPⅢ平面控制网 i 测站点位分布图，其中实心圆圈、空心圆圈

和实心三角形分别为测站点、CPⅢ点和三维控制点。在测站点 i 安置仪器对目标点 j 进行观测，得方向观测值 α_{ij} 、竖直角 β_{ij} 及斜距 s_{ij} 。

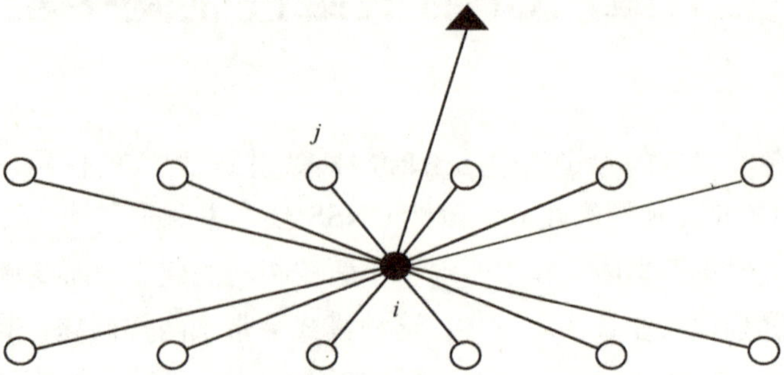

图 7.1　CPⅢ控制网 i 测站观测点位分布图

现以仪器水平盘中心为原点、水平度盘 0 刻度方向为 X 轴、仪器竖轴铅垂向下为 Z 轴建立右手三维直角坐标系，则可得 j 点在当前坐标系下的三维直角坐标为

$$\begin{bmatrix} x_{ij} \\ y_{ij} \\ z_{ij} \end{bmatrix} = \begin{bmatrix} s_{ij} \times \cos\beta_{ij} \times \cos\alpha_{ij} \\ s_{ij} \times \cos\beta_{ij} \times \sin\alpha_{ij} \\ -s_{ij} \times \sin\beta_{ij} \end{bmatrix} \tag{7.1}$$

设 j 点在地心三维直角坐标系下的坐标值为 $[X_j \quad Y_j \quad Z_j]^{\mathrm{T}}$，考虑球气差系数，依据布尔沙模型可得

$$\begin{bmatrix} x_{ij} \\ y_{ij} \\ z_{ij} \end{bmatrix} = \begin{bmatrix} t_{x_i} \\ t_{y_i} \\ t_{z_i} \end{bmatrix} + (1+m)\begin{bmatrix} \cos\theta_x & \sin\theta_x & 0 \\ -\sin\theta_x & \cos\theta_x & 0 \\ 0 & 0 & 1 \end{bmatrix}\begin{bmatrix} \cos\theta_y & 0 & -\sin\theta_y \\ 0 & 1 & 0 \\ \sin\theta_y & 0 & \theta_y \end{bmatrix}\begin{bmatrix} 1 & 0 & 0 \\ 0 & \cos\theta_z & \sin\theta_z \\ 0 & -\sin\theta_z & \cos\theta_z \end{bmatrix}\begin{bmatrix} X_j \\ Y_j \\ Z_j \end{bmatrix} + s_{ij}^2\begin{bmatrix} 0 \\ 0 \\ C_i \end{bmatrix} \tag{7.2}$$

式（7.2）即为 CPⅢ控制网三维平差函数模型，其中 $C_i = \dfrac{1-k_i}{2R}$，为 i 测站大气折光系数，R 为地球曲率半径，$[t_{x_i} \quad t_{y_i} \quad t_{z_i}]^{\mathrm{T}}$ 为平移参数，m 为缩放系数，θ_x、θ_y、θ_z 分别为绕 X 轴、Y 轴、Z 轴旋转的三个角度。

利用控制点对测站坐标系进行旋转、平移，使其与地心坐标系坐标轴近似重合，则 θ_x、θ_y、θ_z 为微小量，式（7.2）可化简为

$$\begin{bmatrix} x_{ij} \\ y_{ij} \\ z_{ij} \end{bmatrix} = \begin{bmatrix} t_{x_i} \\ t_{y_i} \\ t_{z_i} \end{bmatrix} + (1+m)\begin{bmatrix} 1 & \theta_z & -\theta_y \\ -\theta_z & 1 & \theta_x \\ \theta_y & -\theta_x & 1 \end{bmatrix}\begin{bmatrix} X_j \\ Y_j \\ Z_j \end{bmatrix} + s_{ij}^2\begin{bmatrix} 0 \\ 0 \\ C_i \end{bmatrix} \tag{7.3}$$

对式（7.3）线性化，并写出误差方程为

$$\begin{bmatrix} v_{x_{ij}} \\ v_{y_{ij}} \\ v_{z_{ij}} \end{bmatrix} = \begin{bmatrix} 1 & 0 & 0 & 1 & 0 & 0 & X_j^0 & 0 & -Z_j^0 & Y_j^0 & 0 \\ 0 & 1 & 0 & 0 & 1 & 0 & Y_j^0 & Z_j^0 & 0 & -X_j^0 & 0 \\ 0 & 0 & 1 & 0 & 0 & 1 & Z_j^0 & -Y_j^0 & X_j^0 & 0 & s_{ij}^2 \end{bmatrix} \begin{bmatrix} \delta_{X_j} \\ \delta_{Y_j} \\ \delta_{Z_j} \\ \delta_{tx_i} \\ \delta_{ty_i} \\ \delta_{tz_i} \\ m \\ \theta_x \\ \theta_y \\ \theta_z \\ C_i \end{bmatrix} - \begin{bmatrix} x_{ij} - t_{x_i}^0 - X_j^0 \\ y_{ij} - t_{y_i}^0 - Y_j^0 \\ z_{ij} - t_{z_i}^0 - Z_j^0 - s_{ij}^2 C_i^0 \end{bmatrix} \tag{7.4}$$

式中，$[X_j^0 \quad Y_j^0 \quad Z_j^0]^{\mathrm{T}}$ 为 j 点在地心坐标系下的近似坐标值，$[t_{x_i}^0 \quad t_{y_i}^0 \quad t_{z_i}^0]^{\mathrm{T}}$ 为测站仪器中心在地心坐标系下的近似坐标值。

设观测点个数为 n，待求点个数为 t，测站数为 u，则可写出 $3n$ 个误差方程，其中待求参数个数为 $3t+(7+1)u$ 个，写成矩阵形式为

$$\boldsymbol{V} = \boldsymbol{B}\boldsymbol{X} - \boldsymbol{l} \tag{7.5}$$

利用最小二乘法即可解算出待求参数

$$\boldsymbol{X} = (\boldsymbol{B}^{\mathrm{T}}\boldsymbol{P}\boldsymbol{B})^{-1}\boldsymbol{B}^{\mathrm{T}}\boldsymbol{P}\boldsymbol{l} \tag{7.6}$$

式中，$\boldsymbol{P}$ 为观测值权矩阵。

则

$$\boldsymbol{Q}_{XX} = (\boldsymbol{B}^{\mathrm{T}}\boldsymbol{P}\boldsymbol{B})^{-1}$$

$$m_0 = \pm\sqrt{\frac{\boldsymbol{V}^{\mathrm{T}}\boldsymbol{P}\boldsymbol{V}}{n-t}}$$

由此，可计算出待求参数协方差矩阵

$$\boldsymbol{D}_{XX} = m_0^2\boldsymbol{Q}_{XX}$$

7.2　CPⅢ三维控制网常规定权

对式（7.1）求微分得

$$\begin{bmatrix} dx_{ij} \\ dy_{ij} \\ dz_{ij} \end{bmatrix} = \begin{bmatrix} -s_{ij} \times \cos\beta_{ij} \times \sin\alpha_{ij} \\ s_{ij} \times \cos\beta_{ij} \times \cos\alpha_{ij} \\ 0 \end{bmatrix} d\alpha_{ij} + \begin{bmatrix} \cos\beta_{ij} \times \cos\alpha_{ij} \\ \cos\beta_{ij} \times \sin\alpha_{ij} \\ \sin\beta_{ij} \end{bmatrix} ds_{ij} + \begin{bmatrix} -s_{ij} \times \sin\beta_{ij} \times \cos\alpha_{ij} \\ -s_{ij} \times \sin\beta_{ij} \times \sin\alpha_{ij} \\ s_{ij} \times \cos\beta_{ij} \end{bmatrix} d\beta_{ij} \tag{7.7}$$

设有 n 个观测点，则可写出 $3n$ 个方程，其矩阵形式为

$$d\Delta \boldsymbol{L} = \boldsymbol{H}_1 d\boldsymbol{A} + \boldsymbol{H}_2 d\boldsymbol{S} + \boldsymbol{H}_3 d\boldsymbol{\beta} \tag{7.8}$$

式中，

$$d\Delta \boldsymbol{L} = [dx_1 \quad dy_1 \quad dz_1 \quad \cdots \quad dx_n \quad dy_n \quad dz_n]^{\mathrm{T}}$$

$$d\boldsymbol{S} = [ds_1 \quad ds_2 \quad \cdots \quad ds_n]^{\mathrm{T}}$$

$$d\boldsymbol{A} = [d\alpha_1 \quad d\alpha_2 \quad \cdots \quad d\alpha_n]^{\mathrm{T}}$$

$$d\boldsymbol{\beta} = [d\beta_1 \quad d\beta_2 \quad \cdots \quad d\beta_n]^{\mathrm{T}}$$

$$\boldsymbol{H}_1 = \begin{bmatrix} -s_{11} \times \cos\beta_{11} \times \sin\alpha_{11} & 0 & \cdots & 0 \\ s_{11} \times \cos\beta_{11} \times \cos\alpha_{11} & 0 & \cdots & 0 \\ 0 & 0 & \cdots & 0 \\ 0 & -s_{12} \times \cos\beta_{12} \times \sin\alpha_{12} & \cdots & 0 \\ 0 & s_{12} \times \cos\beta_{12} \times \cos\alpha_{12} & \cdots & 0 \\ 0 & 0 & \cdots & 0 \\ \vdots & \vdots & \ddots & \vdots \\ 0 & 0 & 0 & -s_{un} \times \cos\beta_{un} \times \sin\alpha_{un} \\ 0 & 0 & 0 & s_{un} \times \cos\beta_{un} \times \cos\alpha_{un} \\ 0 & 0 & 0 & 0 \end{bmatrix}$$

$$\boldsymbol{H}_2 = \begin{bmatrix} \cos\beta_{11} \times \cos\alpha_{11} & 0 & \cdots & 0 \\ \cos\beta_{11} \times \sin\alpha_{11} & 0 & \cdots & 0 \\ \sin\beta_{11} & 0 & \cdots & 0 \\ 0 & \cos\beta_{12} \times \cos\alpha_{12} & \cdots & 0 \\ 0 & \cos\beta_{12} \times \sin\alpha_{12} & \cdots & 0 \\ 0 & \sin\beta_{12} & \cdots & 0 \\ \vdots & \vdots & \ddots & \vdots \\ 0 & 0 & 0 & \cos\beta_{un} \times \cos\alpha_{un} \\ 0 & 0 & 0 & \cos\beta_{un} \times \sin\alpha_{un} \\ 0 & 0 & 0 & \sin\beta_{un} \end{bmatrix}$$

$$H_3=\begin{bmatrix} -s_{11}\times\sin\beta_{11}\times\cos\alpha_{11} & 0 & \cdots & 0 \\ -s_{11}\times\sin\beta_{11}\times\sin\alpha_{11} & 0 & \cdots & 0 \\ s_{11}\times\cos\beta_{11} & 0 & \cdots & 0 \\ 0 & -s_{12}\times\sin\beta_{12}\times\cos\alpha_{12} & \cdots & 0 \\ 0 & -s_{12}\times\sin\beta_{12}\times\sin\alpha_{12} & \cdots & 0 \\ 0 & s_{12}\times\cos\beta_{12} & \cdots & 0 \\ \vdots & \vdots & \ddots & \vdots \\ 0 & 0 & 0 & -s_{un}\times\sin\beta_{un}\times\cos\alpha_{un} \\ 0 & 0 & 0 & -s_{un}\times\sin\beta_{un}\times\sin\alpha_{un} \\ 0 & 0 & 0 & s_{un}\times\cos\beta_{un} \end{bmatrix}$$

设方向观测中误差为m_α，斜距中误差为m_{s_i}，竖直角观测中误差为m_β，依传统定权模式，则原始观测值权矩阵分别为

$$P_\alpha=\begin{bmatrix} 1 & 0 & \cdots & 0 & 0 \\ 0 & 1 & \cdots & 0 & 0 \\ \vdots & \vdots & \ddots & \vdots & \vdots \\ 0 & 0 & \cdots & 1 & 0 \\ 0 & 0 & \cdots & 0 & 1 \end{bmatrix},\quad P_s=\begin{bmatrix} \frac{m_\alpha^2}{m_{s_1}^2} & 0 & \cdots & 0 & 0 \\ 0 & \frac{m_\alpha^2}{m_{s_2}^2} & \cdots & 0 & 0 \\ \vdots & \vdots & \ddots & \vdots & \vdots \\ 0 & 0 & \cdots & \frac{m_\alpha^2}{m_{s_{n-1}}^2} & 0 \\ 0 & 0 & \cdots & 0 & \frac{m_\alpha^2}{m_{s_n}^2} \end{bmatrix},\quad P_\beta=\begin{bmatrix} 1 & 0 & \cdots & 0 & 0 \\ 0 & 1 & \cdots & 0 & 0 \\ \vdots & \vdots & \ddots & \vdots & \vdots \\ 0 & 0 & \cdots & 1 & 0 \\ 0 & 0 & \cdots & 0 & 1 \end{bmatrix}$$

由协因数传播定律可得三角高程观测值权矩阵为

$$P_{\Delta L}=(H_1P_\alpha^{-1}H_1^{\mathrm{T}}+H_2P_S^{-1}H_2^{\mathrm{T}}+H_3P_\beta^{-1}H_3^{\mathrm{T}})^{-1} \tag{7.9}$$

7.3　CPⅢ三维控制网严密定权

在高精度数据处理中，依据仪器标称精度定权的方法是不够精确的。设δ_α^2、δ_s^2和δ_β^2分别为方向观测值、斜距和竖直角的验后单位权方差，令$T_1=H_1\times H_1^{\mathrm{T}}$，$T_2=H_2\times H_2^{\mathrm{T}}$，$T_3=H_3\times H_3^{\mathrm{T}}$，$T=T_1+T_2+T_3$，且

$$C=T^{-1}-T^{-1}B(B^{\mathrm{T}}T^{-1}B)^{-1}B^{\mathrm{T}}T^{-1}$$

$$S=\begin{bmatrix} \mathrm{tr}(CT_1CT_1) & \mathrm{tr}(CT_1CT_2) & \mathrm{tr}(CT_1CT_3) \\ \mathrm{tr}(CT_2CT_1) & \mathrm{tr}(CT_2CT_2) & \mathrm{tr}(CT_2CT_3) \\ \mathrm{tr}(CT_3CT_1) & \mathrm{tr}(CT_3CT_2) & \mathrm{tr}(CT_3CT_3) \end{bmatrix}$$

$$W=\begin{bmatrix}V^{T}CT_1CV\\V^{T}CT_2CV\\V^{T}CT_3'CV\end{bmatrix}$$

依最小范数二次无偏估计可得

$$\theta=S^{-1}W \tag{7.10}$$

式中，$\theta=[\delta_\alpha^2\quad\delta_s^2\quad\delta_\beta^2]^{T}$

由此可得待求参数协方差矩阵分别为M_1、M_2、M_3：

$$M_1=\delta_\alpha^2E\,,M_2=\delta_s^2E\,,M_3=\delta_\beta^2E$$

式中，E为单位矩阵。

竖直角和斜距的权分别为

$$P_\alpha=\delta_\alpha^2M_1^{-1}\,,\quad P_S=\delta_S^2M_2^{-1}\,,\quad P_\beta=\delta_\beta^2M_3^{-1}$$

重新计算高差观测值的权矩阵

$$P_{\Delta L}=(H_1P_\alpha^{-1}H_1^{T}+H_2P_S^{-1}H_2^{T}+H_3P_\beta^{-1}H_3^{T})^{-1} \tag{7.11}$$

再利用最小二乘法解算待求参数，即可获得更精确的估计值。

7.4 测站坐标初变换

测站坐标系和地心地固坐标系不仅原点相距甚远，而且坐标轴之间的夹角也比较大，直接利用布尔沙模型进行平差计算过程非常烦琐，因此有必要将测站坐标系进行变换，使其接近于地心地固坐标系，则布尔沙模型七参数皆为微小量，由此可有效简化平差模型。

为了不影响各点相对位置关系及测站坐标的随机特征，采用 3 对公共点进行坐标平移和旋转。设公共点测站坐标为$[x_i\quad y_i\quad z_i]^{T}$，地心地固坐标为$[X_i\quad Y_i\quad Z_i]^{T}$，$i$=1，2，3。以$A$、$B$、$C$、$D$来表示公共点的 4 个点位分布状态，下标表示其坐标系统。

下面以公共点测站坐标为例进行说明。

（1）公共点在测站坐标系下的原始点位状态如图 7.2 所示，用A_{XYZ}表示。

（2）对A_{XYZ}位状态下所有点进行平移变换，使点 1 与原点重合，此时进入B_{XYZ}位状态，如图 7.3 所示。

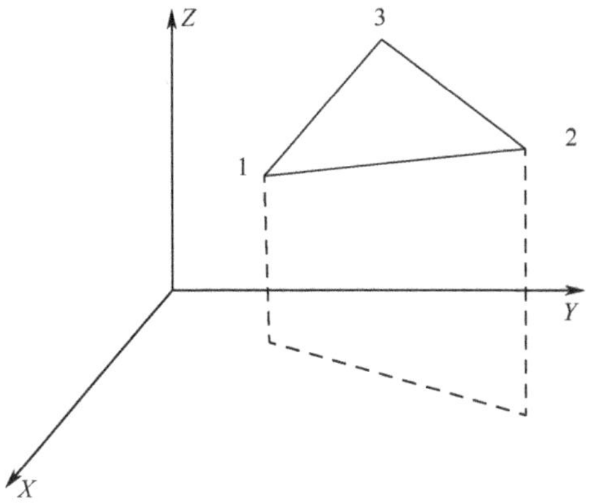

图 7.2　公共点 A_{XYZ} 位状态图

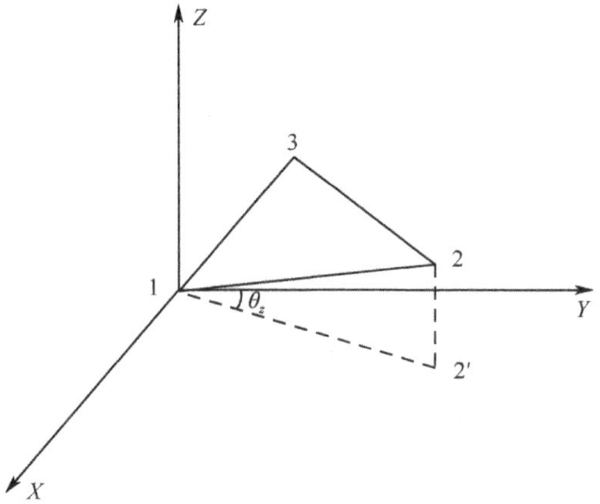

图 7.3　公共点 B_{XYZ} 位状态图

（3）设 B_{XYZ} 位状态中的点 2 在 XY 平面上的投影 2′ 与 Y 轴夹角为 θ_z，将各点绕 Z 轴旋转，使点 2 落到 YZ 平面内，公共点位置由 B_{XYZ} 位变换到为 C_{XYZ} 位状态，如图 7.4 所示。

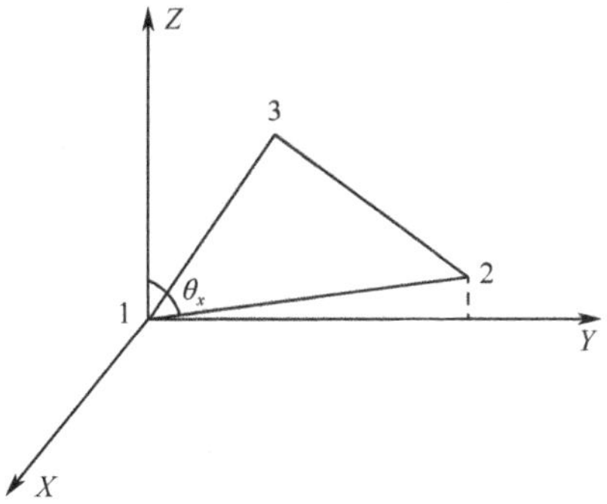

图 7.4　公共点 C_{XYZ} 位状态图

变换矩阵为

$$\boldsymbol{R}_z=\begin{bmatrix}\cos\theta_z & \sin\theta_z & 0\\ -\sin\theta_z & \cos\theta_z & 0\\ 0 & 0 & 1\end{bmatrix}$$

（4）在 C_{XYZ} 位状态，设 2 点在 YZ 平面内与 Z 轴夹角为 θ_x，将各点绕 X 轴旋转，使点 2 落到 Z 轴，公共点由 C_{XYZ} 位进入 D_{XYZ} 位状态，如图 7.5 所示。

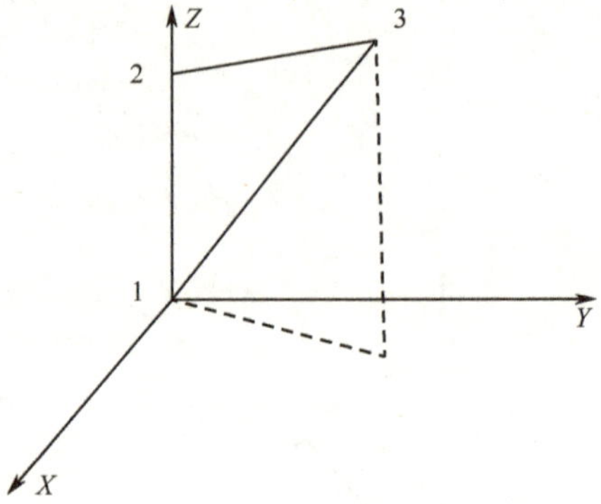

图 7.5　公共点 D_{XYZ} 位状态图

变换矩阵为

$$\boldsymbol{R}_x=\begin{bmatrix}1 & 0 & 0\\ 0 & \cos\theta_x & \sin\theta_x\\ 0 & -\sin\theta_x & \cos\theta_x\end{bmatrix}$$

同理，公共点在地心地固坐标系下也有 4 个点位状态，分别用 A_{xyz}、B_{xyz}、C_{xyz}、D_{xyz} 来表示，且 B_{xyz} 向 C_{xyz} 及 C_{xyz} 向 D_{xyz} 的变换矩阵分别用 $\boldsymbol{R}_Z$、$\boldsymbol{R}_X$ 来表示。

（5）在 D_{XYZ} 位状态，设公共点绕 z 轴旋转角度 θ_{z_e} 即可与 D_{xyz} 位置重合，且旋转矩阵则为

$$\boldsymbol{R}_{z_e}=\begin{bmatrix}\cos\theta_{z_e} & \sin\theta_{z_e} & 0\\ -\sin\theta_{z_e} & \cos\theta_{z_e} & 0\\ 0 & 0 & 1\end{bmatrix}$$

因此公共点经过以下变换即可由测站坐标系转换为地心地固坐标系：

$$A_{XYZ}\rightarrow B_{XYZ}\rightarrow C_{XYZ}\rightarrow D_{XYZ}\rightarrow D_{xyz}\rightarrow C_{xyz}\rightarrow B_{xyz}\rightarrow A_{xyz}$$

其具体实现过程可用式（7.12）表示。

$$\begin{bmatrix}X_i\\ Y_i\\ Z_i\end{bmatrix}=\begin{bmatrix}X_1\\ Y_1\\ Z_1\end{bmatrix}+\boldsymbol{R}_Z^{-1}\boldsymbol{R}_X^{-1}\boldsymbol{R}_{z_e}\boldsymbol{R}_x\boldsymbol{R}_z\begin{bmatrix}x_i-x_1\\ y_i-y_1\\ z_i-z_1\end{bmatrix}\tag{7.12}$$

由于 CPⅢ控制网各站测站坐标各不相同，因此需要通过公共点转换到第一测站所在坐标系统，再由第一测站点的站心坐标转换到地心坐标系[119~120]。除此之外，观测值的权阵也需要进行相应的变换。

7.5　三维平差数据处理流程

三维平差数据处理流程如图 7.6 所示。其中球气差参数矩阵优化及粗差检验迭代流程与图 5.11 和图 5.12 相同，不再赘述。图中阈值为一接近 0 的正数。

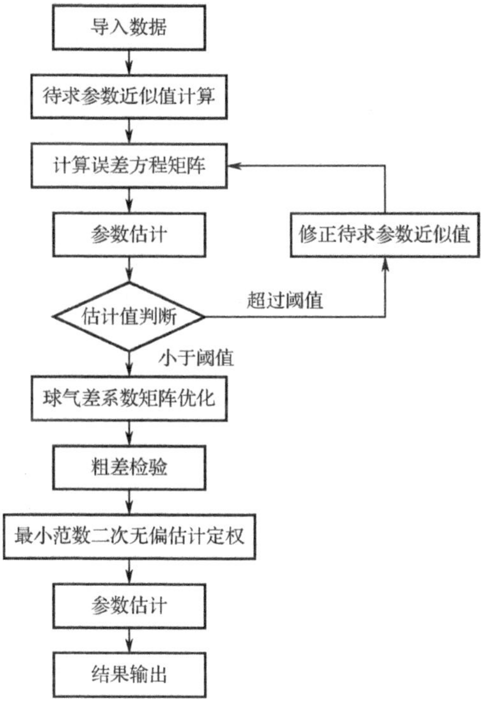

图 7.6　三维平差数据处理流程图

7.6　实例验证

利用某线路观测数据进行三维无约束平差，该控制网全长 7km，精密三角高程测量 74 站。线路一侧提供 3 个三维起始点。图 7.7～图 7.10 分别为三维无约束平差观测值残差图、三维平差空间点位中误差曲线、平面点位中误差曲线、大地高中误差曲线。

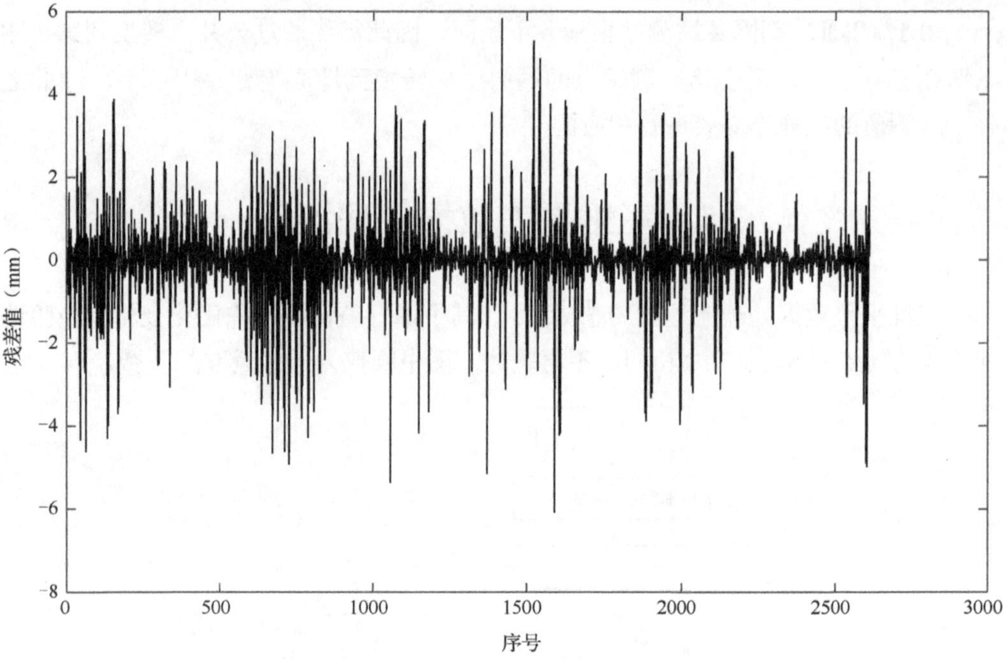

图 7.7　三维平差残差图

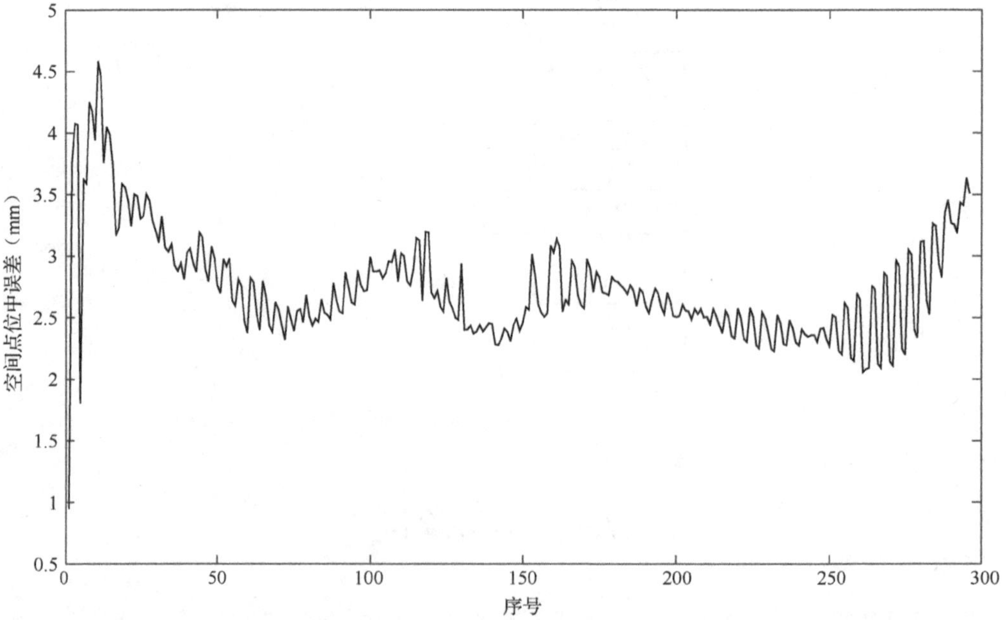

图 7.8　三维平差空间点位中误差曲线

从图 7.7 可以看出，观测值残差绝对值最大达 6mm，正反残差数量接近，看不出有明显的系统性误差存在。从图 7.8 可知，各点的三维坐标点位中误差绝对值平均为

3mm 左右，绝对值最大值达 4.6mm，控制网最远点三维点位中误差绝对值为 3.5mm。

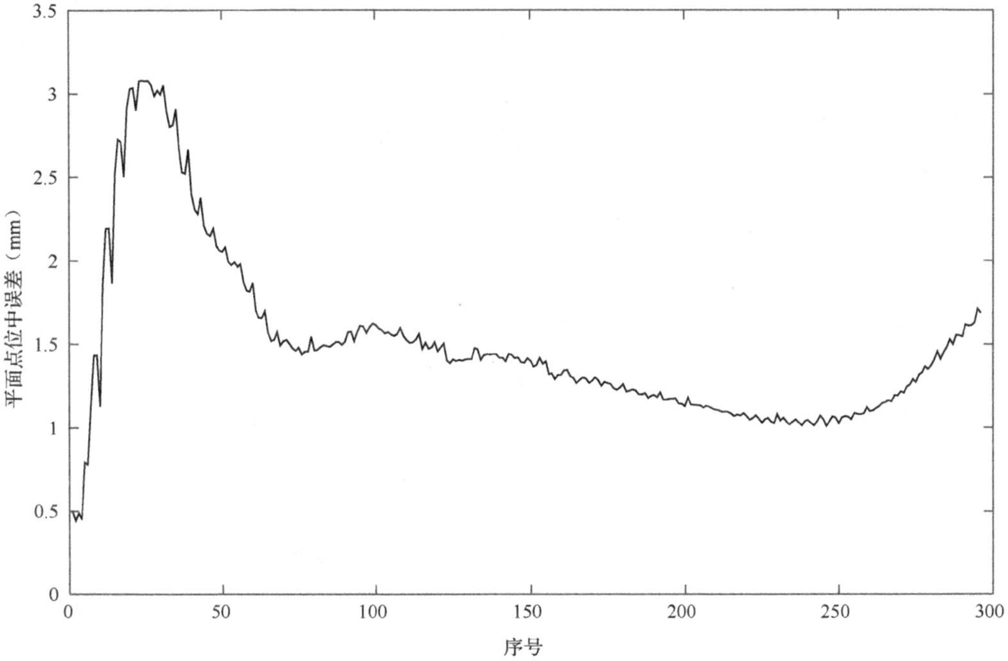

图 7.9　三维平差平面点位中误差曲线

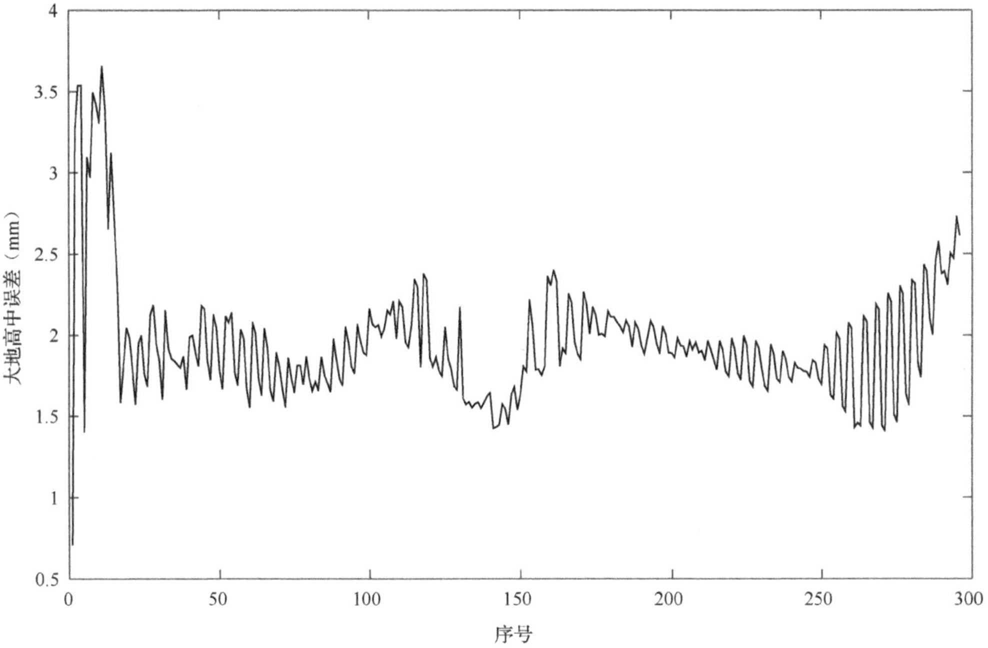

图 7.10　三维平差大地高中误差曲线

从图 7.9 和图 7.10 可知，平面点位中误差绝对值最大为 3.1mm，大地高中误差绝对值最大为 3.6mm；最远点平面点位中误差绝对值为 1.7mm，最远点大地高中误差绝对值为 2.7mm。

7.7 本章小结

在长线工程中，利用精密水准建立高程控制网，外业工作量非常巨大。本章将 CPⅢ平面控制网和 CPⅢ精密三角高程控制网融合，构建 CPⅢ三维控制网。研究内容包括 CPⅢ三维控制网随机模型、函数模型、严密定权、测站坐标初变换。最后利用该模型利用实测数据进行了无约束平差实验。

CPⅢ三维控制网外业数据采集包含了三角高程测量过程，因此也存在大气折光、地球曲率的影响和垂线偏差变化的影响，前两项采用引进待求参数的方法来消除，第三项则包含在测站坐标系和地心坐标系之间的旋转角度中。该模型也可以应用到轨道精调测量中。由此可知，如能构建高精度的 CPⅢ三维控制网，则可在运营阶段去掉线路水准基点控制网的测量，进一步提高高速铁路施工和复测的效率。

CPⅢ三维控制网目前存在的最大难题在于隧道中如何提供足量的三维基准点，这是未来需要进一步解决的问题。

附录 A　外业观测数据实例

```
DK930-2,3,13,0
Start:03.06.14 21:38:22
1
930319,    3.45059,  91.19065,   26.3050,  0.0000,   0.00
930321,   11.09112,  90.29002,   75.9527,  0.0000,   0.00
930323,   12.46262,  90.20187,  125.8327,  0.0000,   0.00
930324,   17.31188,  90.20051,  125.9286,  0.0000,   0.00
930322,   19.05330,  90.31173,   75.9689,  0.0000,   0.00
930320,   26.20593,  91.16274,   26.3681,  0.0000,   0.00
930318,  183.10134,  91.05498,   24.7283,  0.0000,   0.00
930316,  191.12121,  90.21208,   73.7879,  0.0000,   0.00
930312,  193.21546,  90.12577,  141.8510,  0.0000,   0.00
930311,  197.05445,  90.13199,  141.8303,  0.0000,   0.00
930315,  199.17021,  90.21042,   73.8263,  0.0000,   0.00
930JMP21,  201.28016,  90.55224,   51.9465,  0.0000,   0.00
930317,  207.18284,  91.14274,   24.7982,  0.0000,   0.00
930319,    3.45069,  91.19085,   26.3050,  0.0000,   0.00
930319,  183.45085, 268.40462,   26.3048,  0.0000,   0.00
930317,   27.18303, 268.45270,   24.7979,  0.0000,   0.00
930JMP21,   21.28047, 269.04318,   51.9464,  0.0000,   0.00
930315,   19.17040, 269.38561,   73.8262,  0.0000,   0.00
930311,   17.05477, 269.46388,  141.8302,  0.0000,   0.00
930312,   13.21559, 269.47012,  141.8509,  0.0000,   0.00
930316,   11.12138, 269.38394,   73.7877,  0.0000,   0.00
930318,    3.10155, 268.54043,   24.7282,  0.0000,   0.00
930320,  206.21021, 268.43269,   26.3679,  0.0000,   0.00
930322,  199.05356, 269.28430,   75.9687,  0.0000,   0.00
930324,  197.31208, 269.39540,  125.9285,  0.0000,   0.00
930323,  192.46291, 269.39404,  125.8324,  0.0000,   0.00
930321,  191.09139, 269.30596,   75.9526,  0.0000,   0.00
930319,  183.45093, 268.40464,   26.3048,  0.0000,   0.00
2
930319,    3.45075,  91.19082,   26.3049,  0.0000,   0.00
930321,   11.09128,  90.29006,   75.9528,  0.0000,   0.00
930323,   12.46278,  90.20193,  125.8325,  0.0000,   0.00
930324,   17.31206,  90.20059,  125.9285,  0.0000,   0.00
930322,   19.05340,  90.31178,   75.9690,  0.0000,   0.00
```

参考文献

[1] Coenraad Esveld. Modern railway track[M]. Zaltbommel: MRT Productions, 2001.

[2] Ryo Takagi. High-speed Railways: The Last 10 Years[J]. Japan Railway and Transport Review, 2005(40): 4-7.

[3] 朱颖. 客运专线无砟轨道铁路工程测量技术[M]. 北京：中国铁道出版社，2009.

[4] 卢凤姿. 传统产业再造——中国高铁产业领先市场案例分析[D]. 南昌：江西师范大学，2019.

[5] 陈祥森. 行稳致远 砥砺前行[J]. 中国储运，2019(3): 22-26.

[6] L. Bitterer, S. Hodas. Geodetic surveying of railway objects[J]. Transactions on the Built Environment, 1998, 34.

[7] 刘召才，牛润普. 高速铁路运营期无砟轨道线形测量技术研究[J]. 铁道勘察，2019(6): 25-29.

[8] 程朝阳，魏世斌. 基于陀螺仪的轨道高低不平顺检测[J]. 铁道建筑，2018, 58(10): 120-123.

[9] 中华人民共和国铁道部. 高速铁路高程测量规范（TB 10601—2009）. 北京：中国铁道出版社，2009:22-34.

[10] Fahd A. Abanmy, Abdullah E. Ali, Abdullah S. Alsalman. Optical, Laser and Digital Levelling: A Comparison of Accuracy in Height Measurement[J]. Sudan Engineering Society, 2006, 53(48).

[11] 康继波，梁安宝. 利用精密数字水准仪进行国家一等水准测量[J]. 测绘与空间地理信息，2009, 32 (2): 181-184.

[12] 杨云洋. 一种新的 CPⅢ三角高程测量数据处理方法研究[J]. 铁道勘察，2016(3): 1-3.

[13] Zhao Yang, Fang Yuanmin, Ni Shu. The research and application of TCA2003 total station on foundation pit deformation monitoring[J]. WIT Transactions on Engineering Sciences, 2013(329): 197-202.

[14] 达乾龙，杨洪，姚周祥. 基于 TM50 测量机器人的三角高程测量内外业智

能化实现与应用[J]. 测绘，2019, 42(2): 76-80.

[15] Qiu Dongwei, Lian Qinghuai, Ding Keliang. Vertical control surveying and precision analysis for ballastless track of high-speed railway[C]. 2012-ICRE-Internation Conference on Railway Engineering, 2012, (7): 141-144.

[16] 徐小左. 高铁 CPⅢ复测高程和相邻点高差较差限差的确定[J]. 铁道工程学报，2010(10): 45-48.

[17] DB Netz AG.RIL883，德国铁路标准[S]. Berlin, 2018: 158-199.

[18] 闵阳，陈健，何亚军. 基于 DiNi03 的中视法在高铁运营监测中的应用[J]. 地理空间信息，2019(6): 104-106+10.

[19] 李书亮，刘成龙，倪先桃，等. 高速铁路 CPⅢ高程控制网测量方法研究[J]. 测绘科学，2011(1): 45-47.

[20] 何林烜，刘成龙，达乾龙，等. 高速铁路轨道控制网高程网测量新方法[J]. 铁道科学与工程学报，2014, 11(6): 137-141.

[21] 李建平，吕豆豆，宗婷婷，等. 轨道高程控制网优化设计及应用[J]. 测绘科学，2014(9): 117-120.

[22] 王国宇，孙冠国，张博涵. CPⅢ高程控制测量观测网型改进的方法研究[J]. 测绘与空间地理信息，2014, 37(11): 223-226.

[23] 刘定威，范东明，何思源，等. 轨道高程控制网的优化设计研究[J]. 测绘科学，2016, 41(9): 152-158.

[24] 李建章. 无系统误差的CPⅢ精密三角高程控制网仿真研究[J]. 测绘工程，2019, 28(6): 1-5.

[25] 陶本藻，邱卫宁. 广义测量平差误差理论与测量平差[M]. 武汉：武汉大学出版社，2012:158-160.

[26] 李建章，武生荣. 基于线性模型的 CPⅢ平面控制网平差[J]. 测绘科学，2012(2).

[27] Ceylan Ayhan, Inal Cevat, Sanlioglu Ismail. Modern height determination techniques and comparison of accuracies[C]. Pharaohs to Geoinformatics FIG Working Week 2005 and GSDI-8. Cairo, Egypt April 16-21, 2005.

[28] Kuntz, Schmit. Precise Height Determination by Simultaneous Zenith Distances. The Symposium on Height Determination and Recent Vertical Crustal Movements in Western Europe, 2005.

[29] Rueger, J.M, Brunner, F.K. EDM Height Traversing Versus Geodetic Levelling[J]. The Canadian Surveyor, 1982, 36(1): 69-87.

[30] Aksoy, Franke, Yalın et al. A Method for Precise Height Difference Determination Based on Trigonometric Leveling. Wolf Geodesy Symposium, 1993.

[31] Erkaya, H. Determination of Traverse Heights Using Total Station. Wolf Geodesy Symposium, 1993.

[32] Ceylan, A. The study on Trigonometric Leveling Instead of Precise Leveling[D]. Selcuk Univ, 1993.

[33] Ceylan, A. Trigonometric leveling by Electronic tacheometer and accuracy analyses[J]. Journal of The Engineering and Architecture Faculty of Selcuk University, 1997，12(1).

[34] Michel KASSER. New Modern Height Determination Techniques –Report about the WG 6.2 Activities in 1998–2002[C]. FIG XXII International Congress Washington, 2002.

[35] Tang Xianxi, Liang Jinbao, Sun Huanzhong et al. Accuracy Analysis and Application of Trigonometic Leveling at Intermediate Station by Total Station Instrument [C]. ICREZ012-Infemational Conference on Railway Engineering, 2012, (4):8-11.

[36] Yulia Lobanowa, Mikhail Bryn, Evgeniy Svintsov. Determining the Refraction Coefficient Based on the Differences of the Measured and Known Zenith Distances in Short-Distance Trigonometric Leveling[J]. Transportation Soil Engineering in Cold Regions, 2019(2)，209-214.

[37] Xianping Zhou, Ming Sun. Study on accuracy measure of trigonometric leveling[J]. Applied Mechanics and Materials, 2013(329): 373-377.

[38] 王欢，刘成龙，杨雪峰，等. 大气折光系数测定及在悬索桥基准索股线形测量中的应用[J]. 测绘通报，2019(5): 129-133.

[39] Yueqian Shen, Teng Huang, Xiantao Guo et al. Inversion method of atmospheric refraction coefficient based on trigonometric leveling network[J]. Journal of Surveying Engineering, 2017(1): 1-5.

[40] 张正禄，邓勇，罗长林，等. 精密三角高程代替一等水准测量的研究[J]. 武汉大学学报，2006, 31(1): 5-8.

[41] 白少云，杨琦. 基于 MS05AX 测量机器人的精密三角高程误差来源与精度分析[J]. 测绘通报，2015(2): 58-63.

[42] 达乾龙，刘成龙，何林烜，等. 三角高程网严密平差全新方法的研究[J]. 测绘通报，2015(8): 42-45.

[43] 徐亚明，施斌，王代雄，等. 改进的三角高程法在跨海高程传递中的应用[J]. 测绘通报，2014(4): 65-78.

[44] 王璐，王国良. 港珠澳大桥主体工程桥梁跨海三角高程控制测量[J]. 公路，2018(9): 231-233.

[45] 赖鸿斌，马德英，梅熙，等. 山区二等三角高程测量方法的应用研究[J]. 铁道工程学报，2012(6): 15-19, 23.

[46] 王铜，罗涛，梁静，等. 精密三角高程在大亚湾中微子实验距离测量中的应用研究[J]. 测绘科学，2013, 39(1): 121-124.

[47] 韩昀，程新文，刘成，等. 精密三角高程代替二等水准测量在山区铁路勘测中的运用[J]. 测绘科学，2011, 36(4): 106-107.

[48] 刘冠兰，杨川，崔国立. 高原地区精密三角高程测量实践[J]. 测绘地理信息，2016, 41(5): 12-16.

[49] 邹进贵，朱勇超，童魁. 精密三角高程测量技术在高海拔山区的应用[J]. 测绘地理信息，2013, 38(6): 6-9.

[50] 邹进贵，朱勇超，徐亚明. 基于智能全站仪的机载精密三角高程测量系统设计与实现[J]. 测绘通报，2014(3): 1-5.

[51] 邹进贵，徐亚明，胡波，等. 车载自动化精密三角高程测量系统研究[J]. 测绘信息与工程，2010, 35(4): 30-32.

[52] 邹进贵，徐亚明，潘正风等. 基于 TCRP1201 全站仪的高程自动测量系统开发与应用研究[J]. 测绘通报，2007(12): 30-33.

[53] 张恒，胡波，袁长征. 精密三角高程代替二等水准实现跨河水准测量的研究与应用[J]. 测绘通报，2019(11): 121-125.

[54] 赵毅坚. 精密三角高程测量在高铁沉降观测中的应用[J]. 科技与创新，2015(24): 75-76.

[55] 李志伟，李克昭，赵磊杰. 精密三角高程测量在港珠澳青州航道桥中的应用[J]. 测绘工程，2016, 25(9): 35-39.

[56] Barković Đuro, Baričević Sergej, Zrinjski Mladen et al. Influence of the refraction on trigonometric levelling between close points[C].17th International Multidisciplinary Scientific GeoConference SGEM, 2017(17): 361-368.

[57] 刘成龙，杨雪峰，张阋川. 基于测量机器人的二等高程控制测量新方法[J]. 西南交通大学学报，2013(1): 69-74.

[58] 郝旦，王芬. 自动照准全站仪精密三角高程测量在跨河水准测量中的应用[J]. 测绘通报，2019(3): 159-162.

[59] 杨晓明，宋玮，周建业，等. 城市测量垂直角观测误差研究[J]. 测绘通报，2012(4): 22-26.

[60] 刘新峰. 大气竖直折光对三角高程测量影响因素的研究[J]. 东华理工大学学报（自然科学版），2016, 39(1): 166-168.

[61] 刘成龙，杨雪峰，卢建康，等. 高速铁路 CPⅢ三角高程网构网与平差计算方法[J]. 西南交通大学学报，2011(3): 433-439.

[62] 付建斌，刘成龙，卢建康，等. 基于自由测站的高速铁路 CPⅢ高程控制网建网方法研究[J]. 铁道工程学报，2010(11): 32-37.

[63] 方杨. CPⅢ控制网自由测站三角高程测量数据处理与精度分析[J]. 铁道勘察，2015(4): 21-23.

[64] 曲田，李晓峰，李文雅. 差分法三角高程在地铁 CPⅢ测量中的应用[J]. 矿山测量，2019, 47(6): 84-86, 90.

[65] 王子轩，张明，姚连璧. 地铁 CPⅢ三角高程构网方法研究[J]. 工程勘察，2016(10): 52-56.

[66] 任利敏，常艳美，孙德安. 基于单侧水准测量的 CPⅢ三角高程测量方法研究[J]. 铁道勘察，2019(3): 38-42.

[67] 孔祥元，郭际明. 控制测量学[M]. 武汉：武汉大学出版社，2015: 161-170.

[68] 陈长波，朱紫阳，王英谋，等. GNSS 测距三角高程法精密跨河水准测量[J]. 测绘与空间地理信息，2018, 41(8): 59-62, 67.

[69] 李伟超，张兴福，陈智伟，等. 利用大地水准面模型计算垂线偏差的方法及精度分析[J]. 大地测量与地球动力学，2019, 39(8): 843-848.

[70] 蒋廷臣，刘国良，刘羽茜，等. 全站仪高低双棱镜法精密三角高程测量研究[J]. 淮海工学院学报（自然科学版），2017, 26(4): 50-55.

[71] 张赤军. 测距三角高程中的垂线偏差问题[J]. 测绘学报，1997, 26(1): 58-64.

[72] 戴东凯，王省书，战德军，等. 基于单轴旋转 INS/GPS 组合姿态误差观测的垂线偏差测量方法[J]. 中国惯性技术学报，2015, 23(2): 172-178.

[73] 邢志斌，李姗姗，曲政豪，等. 局部区域模型垂线偏差快速算法[J]. 测绘科学，2015(12): 38-42.

[74] 夏家和，成果达，吉翠萍. 垂线偏差对空中对准航向误差的影响研究[J]. 传感技术学报，2017, 30(4): 566-569.

[75] 齐显峰，周巍，崔吉春. EGM2008 重力场模型计算中国地区垂线偏差分析[J]. 测绘技术装备，2011(1): 6-8.

[76] 马下平，游为. 附加垂线偏差参数的地面常规网与 GNSS 基线网联合平差[J]. 武汉大学学报（信息科学版），2017, 42(4): 550-557.

[77] 王文杰，田丽亚，刘立臣，等. 中间法三角高程测量在高铁 CPⅢ控制网中的应用[J]. 测绘地理信息，2014(1): 29-32.

[78] 曾庆伟. 全站仪中间法三角高程测量精度分析及应用研究[J]. 测绘与空间地理信息，2010, 43(3): 22-25.

[79] 王兵海. 高速铁路自由测站三角高程测量代替 CPⅢ精密水准测量的适用性分析[J]. 铁道勘察，2018(4): 13-15.

[80] 刘成龙，刘竹均，杨雪峰，等. CPⅢ高程网复测稳定性分析方法研究[J]. 西南交通大学学报，2017, 52(1): 91-97.

[81] 肖根旺，许提多，周文健，等. 高精度三角高程测量的严密公式[J]. 测绘通报，2004(10): 15-17, 45.

[82] 李建章，闫浩文. 参数法 CPⅢ精密三角高程控制网数据处理方法[J]. 测绘学报，2019, 48(4): 431-438.

[83] 王国昌，徐小左，刘成龙. 高速铁路 CPⅢ平面网的闭合差研究及其应用[J]. 铁道学报，2009, 31(5): 79-83.

[84] 武汉大学测绘学院测量平差学科组. 误差理论与测量平差基础[M]. 武汉：武汉大学出版社，2015: 112-113.

[85] 陈军. 铁路联络线 CPⅢ测量技术与数据处理[J]. 测绘通报，2020(2): 113-117.

[86] 张永毅，张兴福. 垂线偏差的确定方法及精度分析[J]. 大地测量与地球动力学，2016, 36(5): 395-399, 429.

[87] 孔宁，林鸿，欧海平，等. 基于自动照准全站仪的精密三角高程测量代替二等水准测量的研究与应用[J]. 测绘通报，2016(2): 107-109.

[88] 崔希璋，於宗俦，陶本藻，等. 广义测量平差[M]. 武汉：武汉大学出版社，2009: 103-114.

[89] 蒋英豪，张献州，陈旭升，等. 基于改进四参数严密平差法的高铁 CPⅢ相邻区段搭接处理方法研究[J]. 铁道科学与工程学报，2020(2): 273-279.

[90] 陈洲，高俊强. CPⅢ平面控制网前后区段搭接方法应用与研究[J]. 测绘与空间地理信息，2019(2): 172-174.

[91] 田林亚，祖力比亚·阿布都热西提，张勇，等. 高速铁路测量中高斯平面坐标与斜轴墨卡托平面坐标的转换[J]. 铁道标准设计，2013(4): 13-16.

[92] 余鹏，郑健. 高速铁路 CPⅢ平面控制网长度投影变形处理方法研究[J]. 铁

道勘察，2011(5): 22-24.

[93] 陈洲，高俊强. CPⅢ平面控制网前后区段搭接方法应用与研究[J]. 测绘与空间地理信息，2019(2): 172-174.

[94] 张正禄. 工程测量学[M]. 武汉：武汉大学出版社，2017: 103-114.

[95] 徐万鹏. 基于椭球基准的高速铁路 CPⅢ网三维平差技术[J]. 铁道工程学报，2012(7): 5-10.

反侵权盗版声明

举报电话：（010）88254396；（010）88258888
传　　真：（010）88254397
E-mail：　dbqq@phei.com.cn
通信地址：北京市海淀区万寿路 173 信箱
　　　　　电子工业出版社总编办公室
邮　　编：100036